みんなの寺のつくり方

～檀家ゼロからでもお寺ができた！～

はじめに

「一緒に、お寺をつくらない？」

それがプロポーズの言葉でした。

目の前のお坊さん、天野雅亮《がりょう》、三十三歳。

彼と言葉を交わしたのは、今日が二回目。お付き合いどころか、名前しか聞いていないような間柄です。お互いがどんな人間であるかなんて、知る由もありません。

それが、藪から棒にこの展開。

えー？　お寺って、新しくつくれるの？　どんな手続きが必要なの？

檀家さんはどうやって集めるの？　収入はどこから？

場所は？　建物は？　そもそも資金はどうするの？

——ていうか、何で私なの？

聞きたいことは、山のようにありました。
いえ、あるはずでした。
しかしそれ以上に、私の胸に沸き起こる
「なんて面白そう！　私の人生も、是非それに賭けたい！」というワクワクを抑えきれませんでした。

これだ。

この人だ。

私、この人と一緒にお寺をやるために生まれてきたんだ。

うん、間違いない！


もはや一片の迷いもありませんでした。

「是非やりましょう！」

この唐突な申し出を、ふたつ返事で快諾した私。二十三歳の春に訪れた一大転機。

この日から、私の一風変わった寺嫁人生がスタートしたのです。

それから二ヵ月後にスピード入籍、半年後にお寺を開きました。

夫はお寺の息子ではありませんでした。私と同じ一般家庭に生まれながらも、仏道を志し僧侶となった人でした。

「いつか自分でお寺をつくりたい」と願いながら大きなお寺の職員として働いていた夫。その夢の時計が、私と出会ったことにより一気に動き始めたのです。

「お寺をつくろう」という目的のもとに、意気投合した私たち。

けれども「お寺のつくり方」のマニュアルなんてありませんでした。

中古住宅を三十年ローンで購入したものの、檀家はゼロ、明日からの収入の見込みなし。

僧籍も返還して裸一貫、どこからも支援を受けずに、全て手探りの手づくりで取り組んできました。

もちろん失敗もしましたし、ふたりの間で意見がぶつかったことも、ケンカしたことも数知れず。

けれども本当に運が良かったのでしょう。

何だかんだで滑り出しから順調に進み、宗教法人格を最短の三年で取得し、お寺開山時の借金も無事完済。今では檀家数は五百を超え、順調に「お寺」としての活動を続けています。

私たちのお寺づくりは、ハード面では一応のところ成功したといえると思います。

すると、ホームページや書籍を見て、数多くの方が日本全国から相談に訪れるようになりました。

「自分もお寺の生まれではないが、僧侶になりたい」

「私たち夫婦も新しくお寺をつくりたい」

「宗教法人格はどうすれば取れるのか教えて欲しい」

「今あるお寺を単立法人化したい」

「海外で瞑想修行したい」

……

その都度、自分たちの拙い経験を交えてアドバイスをさせていただきました。

お坊さんになった方もいます。

実際にお寺をつくった方もいます。

海外の瞑想センターに出かけ、そのままずっと現地で暮らしている方もいます。

みなさんの生い立ちはさまざま。仏教に興味を持ったきっかけもさまざま。

しかしそのほとんどは、この世界に強く憧れ、高い理想と情熱とを併せ持つ方々でした。

私も九年前は、同じ思いを持つひとりでした。ですから、

「私もお寺をつくりたい。僧侶になりたい」と相談に来られる方のお気持ちがとてもよくわかります。

お寺は誰にでもつくれます。

ただしリスクは非常に高く、軌道に乗る保障はありません。参考にできる前例は乏しく、他業種の起業に比べ複雑な面も多いです。

「こうすれば必ず成功する」という秘訣だってありません。楽な道でないことは確かです。

しかし私は今、「お寺をつくってよかったな」「お寺って面白いな」と心底思っています。

困っている方のお役に立てるのは嬉しい。

好きな仏教の話ができることは楽しい。

自分もまた瞑想したり、趣味のミャンマー語の仏教書が読めたりして、毎日が充実しています。

また実際にお寺をつくって日々檀家さんたちと接していく中で、気づかされることや教えられることには限りがありません。

動いてみて初めて見えることはたくさんあります。壁にぶつかり「小さな方向転換」を繰り返す中で、仏教の噛み締め方もまた変わってきます。

ですから志ある方には是非挑戦してほしい、やるからには成功させてほしいと願っています。そのために私たちの経験が少しでも役立つなら、協力は惜しみません。

お寺を始めてまもなく九年になります。無我夢中で駆け抜けたお寺創立期。インドやミャンマーに渡り、宗教法人格申請に悪戦苦闘し、子育てとの両立では人生に深く悩み……。

そして今、三人の子供の親となり、またひとつ別のステージへ進もうとしている私たち。

「お寺づくりのノウハウ」なんて大層なものはとても語れませんが、紆余曲折の九年分の経験をありのままにお話することで、志高い後進の方々のお役に立てましたら幸いだと思い筆を執りました。

それぞれ違う背景と考え方を持つ「お寺開山志願者」の方たちに、伝えたいこと、アドバイスしたいこと、はたまた苦言を呈したいこと、今の私に書けることを全て書いたつもりです。

また、お寺や仏教に興味がある一般の方にも

「へー、お寺って新しくつくれるんだ！」

「普通の自営業とあんまり変わらないね～」とお読みいただけましたら嬉しいです。

みんなの寺のつくり方
～檀家ゼロからでもお寺ができた！～

もくじ

第一章
お寺をつくりたいあなたへ

「お寺をつくる」だけが正解じゃない

「お寺をつくりたいんです」
みんなの寺にはそんな相談が、来訪、メール、電話などで数多く寄せられます。

これから出家したいという人。
既に僧侶としてどこかのお寺に勤務している人。
僧籍を持ちながらも、現在は別の職業に就いている人。
本当にさまざまです。

自分たちが新しくお寺をつくっておきながら、こんなことを言うのはおかしいかもしれませんが「どうして新しいお寺じゃなくちゃ、だめなんですか？」そう聞きたくなることがあります。
もっと踏み込んで尋ねるならば、
あなたにとって、お寺とは何ですか？

あなたは僧侶として、どんなことをしたいんですか？

それは、新しいお寺をつくることでしか、実現できないことですか？

そう伺いたいのです。


私は「新しいお寺」をつくることだけが最良のゴールとは思いません。


それでもみんなの寺に相談に来られる方は圧倒的に「新規にお寺をつくりたい」「どの宗派にも属さない単立寺院にしたい」という方が多いです。

新規の単立寺院の「すべて自分の思い通りにできる」「前住職や役員さんたちとのしがらみがない、本山から拘束されない」というメリットがたいへん魅力的に見えるのだと思います（単立寺院と包括寺院の違いについては章末のコラム「お寺には二種類あるの？」をご覧ください）。

しかし本来、お寺設立は手段であって目的ではないはずです。

ご自身が仏教者として何をしたいのか、そのために途方もなくハイリスクな「お寺開山」という選択肢が本当に適しているのか、今一度考えていただきたいのです。

失敗したら、布教や修行どころではないのですから。

ご実家がお寺ではなくても、新しくお寺をつくらなくとも、お坊さんとして生きていくにはさまざまな方法があります。

（1）空き寺に入る

日本全国には、住職が不在になっているいわゆる「空き寺」や、後継者のめどが立っていない「空き寺候補のお寺」がたくさんあります。

空き寺の多くは他のお寺のご住職が兼務していますが、住職不在のまま役員さんたちが管理して守っているお寺もあります。

身も蓋もない言い方ですが、空き寺になっているお寺というのは、条件があまりよくないところが多いようです。

檀家数が少なすぎて、お寺だけでは食べていけないお寺。過疎地、遠隔地、離島のお寺。また、役員さんの発言力が強く住職が采配を発揮しにくいお寺。何かしらのトラブルを抱えたお寺などです。

檀家さんがたくさんいて忙しく裕福なお寺は、すぐに親戚筋で後継者が見つかりますから「誰かいい人はいませんか」と公募したりしません。

しかし、収入は二の次、どんな困難をも厭わない、僧侶としての仕事を全うしたいという熱意あるあなたでしたら、そんな悪条件をも悪条件とは思わないかもしれません。

それならば、あなたを待っている人たちがいるお寺に入るという選択肢も少し考えてみてください。

そのお寺の檀家さんたちや前住職は、若くてやる気があるあなたを心待ちにしているかもしれません。

田舎には田舎の良さがあります。その村の名物和尚になって、「本当によく来てくださった」とみんなに感謝される。

そんな道もあります。

(2) 養子に入る

後継者のいない住職夫婦と養子縁組し、お寺に入るという道です。

あなたが独身であれば、お寺のお嬢さんと結婚し、婿に入るという手もあります。結婚はご縁のことですから、よい相手が見つかるとは限りませんが、婚活する価値はあるでしょう。

また既婚なら、後継者のいないお寺に夫婦揃って養子に入るということもできます。


新しい家族関係を築くということは、もちろん苦労も多いと思います。

前住職夫婦の実績があり、お寺に対する思い入れが大きい分、空き寺に入るよりも困難は大きいかもしれません。

全くの他人同士の同居ですから、人間関係がこじれたり、介護の問題などさまざまな課題はあるかと思います。


しかしお寺という建物があり、檀家さんがいて、すでに信頼関係ができている、というのは何物にも代えがたい土台です。

お寺の跡取りやお婿さんのなかには「家業だから仕方がないな」「お寺の娘と結婚したのだから仕方がないな」としぶしぶ僧籍を取る方も残念ながらいます。

そんな中、自らの意思で得度し、お寺の興隆のために粉骨砕身頑張りたいと名乗りをあげるあなた。きっと困難を乗り越えて、檀家さんの信頼を勝ち得ることと思います。

(3) 法務員になる

経営者ではなく、一僧侶として檀家さんたちと接することを重視するという道です。

自分のお寺を持つことにはこだわらない、むしろお寺経営のあれこれに悩まされることなく、修行や布教活動に専念したいという方におすすめです。

(i) 宗務員（本山職員）になる

よそのお寺で働く僧侶がサラリーマンだとしたら、本山職員はいわば公務員です。

私の夫も長年、浄土真宗本願寺派の宗務員として勤務させていただきました。

もちろんそれぞれの宗派によって呼称、採用条件、待遇は大きく異なりますので、一概には言えません。ここではあくまで浄土真宗本願寺派の例を挙げて、大雑把にお話しします。

宗務員は本山である西本願寺のほか、全国各地の別院・教務所に勤務しています。当然、転勤もあります。

本山は式務部、庶務部、財務部、伝道部、国際部、社会部……と書ききれないほどの複雑な組織から成り立っており、配属先によっては、自分の希望するような活動ができないかもしれません。しかし長い勤務の間には必ず転勤、配置換えもありますし、さまざまなお寺活動の側面が見られるという点ではほかではできないよい勉強になると思います。

各地の別院には門徒（檀家）さんがいて、普通のお寺のように法務をするほか、教務所は本山と各地のお寺をつなぐお役所のような役割を担っています。

福利厚生面はしっかりしており、社会保険に加入でき、賃金も年功序列で上がり、有給休暇もボーナスもありました。

(ii) 法務員（役僧）になる

大きなお寺の法務員（役僧）になるという道です。

都会の大きなお寺、檀家の多いお寺、月参りの件数が多いお寺では、複数の法務員を雇っているところがあります。

主には法務のヘルプとしての役割ですが、事務を手伝う場合もあります。

待遇は勤め先によってピンキリです。

正職員として雇用し、各種保険に加入して（本当はそれが当たり前なのですが）、しっかりと一人前の僧侶になれるよう教育・育成してくれるところもあります。

一方で、アルバイトとして何の保障もなく、一軒のお参りあたりいくらという形で雇われる事例も耳にします。

第一線で檀家さんたちと接することができる、いわゆる現場の仕事が主になりますので、人好きな人にはよいかもしれません。しかし生涯にわたる保障がないことが難点です。

⑷ 修行、勉強する

お寺に暮らして、檀家さんたちを教化することにはさほど興味がない。自分のために仏教を勉強、修行したいのだ、という方も少なからずいらっしゃることと思います。

おめでとうございます。お寺を開かずとも修行はできますし、出家せずとも勉強はできます。僧籍を持ちながら、異なる職業に就いている方も大勢います。

通信教育を受ける、大学で学ぶ。修行者を支援する環境の整った海外へ行くという方法もあります。

私の行ったミャンマーの瞑想センターの場合、一週間程度の短期から数年の長期にわたるまで、希望に応じて滞在することができました（第六章参照）。

ですからバケーションを利用して来ている外国人も、定年退職後のおじいちゃんもいました。「瞑想したい」というご希望でみんなの寺に何度か足を運んでくださったある若い男性は、思い切って退職しタイへ渡航。お寺に出入りしながら瞑想を学んだのち、タイの女性と結婚し現地に住んでいます。こんな方もいます。

コラム

お寺には二種類あるの？

宗教団体は、まず大きく「包括宗教団体」と「単位宗教団体」に分かれます。包括宗教団体というのが、いわゆる仏教でいう「宗派」の部分。同じ教えを信奉するグループです。単位宗教団体というのが、礼拝の施設を備えて布教活動を行う団体、つまり「お寺」です。

そのお寺には二種類あります。「包括寺院」と「単立寺院」です。包括寺院とは、各宗派に所属しているお寺です。看板に「○○宗××派　△△寺」などと書いていますね。いわゆるフランチャイズを想像するとわかりやすいかもしれません。

メリットは、なんといっても本山のバックアップ体制。そして同宗派の他の寺院とのネットワーク。また由緒ある伝統宗派の看板を背負う誇りでしょう。信者さんへの訴求力となるネームバリューと安心感は絶大です。僧侶の研修制度も充実しています。

デメリットは、その宗派の僧侶、寺院としての規範を求められること。宗憲・宗制に従う必要があることです。「本山の教義はこうなっているけど、自分はこう思うし、別のことをやりたいんだ」というワガママは通りません。

ファミリーマートのオーナーが「ローソンのからあげクンは美味しいからうちでも売りたいな」ということが許されないようなものです。また、フランチャイズであるからにはロイヤリティーが発生します。金額はその宗派により、また僧侶の階級やお寺の檀家数により異なります。

ちなみに、包括寺院が単立化を希望した場合、宗派がそれを拒否することはできません。年々単立寺院は増加傾向にあります。とはいえ『宗教年鑑　平成二十一年度版』（文化庁編）によると、仏教系の包括寺院は七四九六七ヶ寺。単立寺院は二六〇五ヶ寺。圧倒的に多いのがこの包括寺院です。

一方単立寺院とは、どこの宗派にも所属しない一匹狼。いわば個人商店です。みんなの寺のように全くのゼロから立ち上げたお寺もあれば、もともとどこかの宗派に所属していて離脱したお寺もあります。

メリットは「自分の好きなようにできること」これに尽きます。自己責任ではありますが、何をするにも自由です。

デメリットは、伝統寺院に比べて信用が得にくいこと。知らない町で買い物をするときにも、見慣れたコンビニチェーンであればそのサービスや商品内容はなんとなくわかります。安心して買い物ができます。しかし個人商店であれば、ここ何のお店？　営業時間は？　品揃えは？　と不安になるでしょう。これがお寺の場合ですと特に、怪しい、得体が知れないという不安を生じさせる可能性があります。これは「もともとは○○宗の僧侶・お寺だったが独立した」という但し書きが着けば軽減されるかもしれません。

また、他の寺院とのネットワークがなく、何かの折に助け合ったりできないことは時に辛いこともあります。勉強のブラッシュアップも自分でしなくてはなりません。そこで、積極的に同系統の伝統宗派のお寺と交流して、その弱点をカバーしているお寺もあります。

包括寺院と単立寺院、お寺を始めるときには結局どちらがいいの？　それは一概には言えません。むしろ、選択肢があるほうが珍しいと思います。信仰している宗派があり、その宗派のお寺を建てたいと思ったら、それに適う条件を満たすように頑張るだけです。

みんなの寺の場合ですが、「お寺をつくろう！」と意気投合はしたものの、包括で行くか単立でいくかは全く考えていませんでした。どちらの可能性も半々くらいで持っていました。

結局のところ、包括寺院になるための条件を満たすのは困難で時間がかかりすぎると判断し、一日も早くお寺をスタートさせたいという思いで単立寺院にしました。

私たちは浄土真宗の教えだけでなく、上座部仏教の教えも学びたい、広めたいと考えていましたので、結果として宗派を出て正解だったと考えています。単立寺院になったからといって、それまで築いてきた人間関係や信用が絶たれるわけではありませんし、宗派に所属して勉強させていただいたことは全部プラスになっています。

※「宗派」とひとくちに言いましても、規模やカラーは千差万別です。一九四〇年、宗教団体法が成立した際にそれまでの伝統宗派「十三宗五十六派」が二十八宗派にまとめられました。その後多数の仏教教団が分派・独立し、平成二十年八月現在で文部科学大臣所轄包括宗教法人として、仏教宗派はなんと一五五もあります！（『宗教年鑑　平成二十一年度版』文化庁編）

ここでは一般的に名前の知られている、規模の大きいメジャーな宗派を想定して書きました。

コラム

お寺は「カタい商売」なんかじゃない

五十代くらいの男性から「出家してお寺をつくりたい」とご相談を受けたことがあります。わざわざ遠方から訪ねてくださったその方は、公務員をなさっていました。

お寺の構造や必要物品等についてはよく調べておいででしたが、仏教の教義やお寺の仕事の内容については明るくなく、これから学びたいということでした。

お話の中に、何ともいえない違和感を感じました。

「単立寺院を開きたい」とおっしゃる方には、たいてい「ユニークな活動をしたい」「自分の思うような布教をしたい」という背景があるのですが、この方はそもそも仏教がどのような宗旨であるかも良くご存じないご様子。もちろん最初はみんなそこからのスタートですから、それはそれで構わないと思うのですが、いきなり最初から「単立寺院を開くのが目標」とは解せません。

公務員という安定した職をこの年齢で辞めてまで、お寺をつくるという思い切った方向転換をしようというのです。さぞ固いご意思をお持ちなのだろうと思いきや、お寺の仕事についても漠然としかイメージしていらっしゃらない口ぶりです。

何のためにお寺をつくろうとなさっているのか？　どうにも腑に落ちませんでした。

後日、その方が奥様を連れて再訪なさった際、真意がわかりました。

その方には息子さんがいらっしゃるのですが、

「お寺という「カタい商売」を始めて、それを息子に継がせたい」と考えたようなのです。

奥様は「お寺なんか新しくつくって、本当に大丈夫なんだろうか」と大変不安だったようで、できることなら考え直して欲しいと思っていたようでした。

もちろん、私たちも誠意を尽くして説得しました。

現在の安定したお仕事や退職金と天秤にかけるには、あまりにもリスキーで割に合わない挑戦だと思ったからです。

「それでも是非お寺をやりたい」と、仏教にかける熱い思いがあるのなら話は別ですが、「お寺なら将来にわたって安定しているだろう」と想像していたのならば、とんでもない思い違いです。

正確な統計がないため私もわかりませんが、現在、お寺専業で家族全員悠々自適に暮らしているお寺なんて決して多くはないはずです。

『お墓博士のお墓と葬儀のお金の話』(横田睦・光文社新書)で引用している「曹洞宗宗勢綜合調査報告書」によれば、お寺以外の仕事と兼業していると答えた僧侶は六割を超えていたそうです。また同書によると、ある雑誌の行ったアンケートで「お布施だけで寺院の維持運営ができている」と答えた寺院は四分の一弱で、「できていない」との回答は四割強だったとか。

代々の檀家さんがいて、地縁血縁があり、宗教法人の税制優遇を受けているお寺でもそうなのです。

お寺さえつくれば楽に運営が成り立つものではないと、すぐにわかります。お寺建設の初期投資を回収できるかすら危うく、息子さんには財産どころか負債を残しかねません。

しかもお寺の財産は宗教法人のものであって個人のものではありませんから、そもそも息子さんに相続させられる性質のものではないのです。

お寺は「食いっぱぐれのない仕事」でもなければ、成長産業でもありません。むしろ葬儀の簡素化や、宗教離れ、田舎の過疎化が進む今、先細りともいえるかもしれません。

しかも三六五日二十四時間対応、休日もないのがお寺の仕事。経済面だけで測るなら、とても割の合う仕事とはいえません。

そこを支えているのが、「仏教が好きだ」という熱意や「人の役に立てて嬉しい」という喜びであり、「お釈迦様の弟子である」という自負です。

ですからお金のためにやるなら、やめたほうがいいと思いますし、やはりやって欲しくはありません。

結局その方はお寺をつくることは思い直したようで、安心しました。おそらく定年まで勤め上げられ、ご自身のお仕事を全うされたことと思います。

「軌道に乗る日」なんて、来ないかもしれない

「夫がお寺をつくりたいと言っています。でも、新しくお寺をつくるのは大変ですよね？　軌道に乗るまでどれくらいかかりますか？　収入はどれくらい見込めるのでしょうか？」

このようなご相談をメールでたまにいただきます。決して珍しいご相談ではありません。

在家（一般家庭）から僧侶になる方は、やはり自分でお寺をつくりたいという夢をお持ちの方が多いのでしょう。現在はどこかのお寺に勤めていたり、もしくは僧籍のみ持っていて、ほかのお仕事をなさっている方が多いようです。なかには、これから出家を希望されている場合もあります。

お寺をつくるということ。これは、誰であれ不可能なことではありません。現に私たちにもできました。

しかしつくった後に存続させられるかどうか、宗教法人格が取れるかどうか、まして安定した収入をそのお寺で得られるかどうかは、誰にも予測できないことです。正直、尋ねられても困ってしまいます。

「宗教法人格を取るのは簡単ですか？」というご質問も同様です。

ただひとつ、

「小さい子がいるので、今後の収入面が不安です」

「私はお寺のことはよくわかりませんし、手伝えないと思います」

奥様がこのようにおっしゃっている場合は、もう一度ご夫婦でよく話し合うことを勧め、決して早まらないようにと老婆心ながら進言します。

少なくとも奥様が

「お寺をつくるってどういうこと?」

と不安を抱えている状況では、絶対に無理でしょう。これだけは自信をもって忠告できます。夫婦ふたりが一丸となって全力で取り組んでも、決して成功するとは限らないのがお寺開山だからです。

他の自営業を開業する際にも言えるかもしれませんが、まるっきり最初から安定した収入が得られることなどありえません。ましてや小さいお子さんや、支えなければならない家族がいるのならば、失敗は許されません。責任は重大です。

個人的には、お子さんがいらっしゃる場合、慎重の上にも慎重を期して欲しい、できることならやめておいたほうがいい、と思っています。

お寺の収入は檀家さんによるものです。檀家さんがつかなければ収入は得られません。葬送を考える行政書士、勝桂子さんは一般的なお寺の経営について「檀家三百件、葬儀が年間十五回でほぼ維持できるギリギリのライン」と試算しています。

檀家さんを集めるということは、飲食店が顧客を集めるのとは全く性質が異なります。大切な家族の供養をこのお寺に頼もう、ずっと長くお付き合いをしよう、と思っていただくのですから、簡単なことではありません。

ゼロから檀家さんを集めて、経済的に「軌道に乗る日」なんて、永遠に来ない可能性もあるのです。

決して楽観視はせず、よく話し合ってください。全くの無収入ならばどうするのか。体を壊してしまったらどうするのか。うまく行かない場合、どの程度で見切りをつけて諦めるのか。その場合、旦那様は再就職が可能なのか。きちんと検討してください。

失敗して行き詰まった場合、一切の保障はありません。行政からも仏教界からも、救いの手は差し伸べられません。

厳しい話ですが、新しくお寺をつくるにはこれだけのリスクが伴うということを、まずはわかっていただきたいのです。

「単立寺院をつくれば自分の好きなようにできるし、宗派のしがらみもなく自由だ」というメリットばかりに目を向けないで欲しいのです。

「勇気を持って始めたお寺が、貯金と時間と労力を費やしただけで終わってしまった」そうなる可能性は大いにあります。たとえそうなっても、絶対に後悔しませんか？

あらゆるリスクを踏まえたうえで、ご夫婦揃って同じ思い、同じ覚悟だというならば、どうぞ入念にリサーチしてから挑戦していただきたいと思います。

霞を食べては生きていけない

「ひとりでも多くの人に仏教の素晴らしさを伝えたい。収入はわずかで構わない。自分ひとり、細々と食べていけるだけあればいい」

高い理想を掲げた「お寺開山志願者」の中には、このようにおっしゃる方がたくさんいます。みなさん本心からそうおっしゃるのです。本当に尊いことだと思います。その気迫に触れるたびに、胸が熱くなります。

私たちもお寺を開いた当初、無収入でも持ち出しでも構わない、と考えていました。お寺をやるんだという喜びのほうが勝っていました。お布施をいただかなくても法務がしたいと思っていました。

ですから、お気持ちは実によくわかります。

しかし、だからこそ、あえて申し上げたいのです。

「しっかり収入を得る手段を考えてください」と。

お寺をつくった当初、ご近所に住む仏画師の佐藤阿吽《あうん》さんが、会うたびに口癖のようにこうおっしゃいました。

「きちんと食べていかないとダメだよ」

佐藤さんは宮城県北のお寺の次男に生まれ、ご自身は仙台市でデパートの外商部員として勤務されました。

しかし仏画師の夢を叶えたいと四十代で退職し、泉ヶ岳の別荘地にアトリエを構えました。

平成二十一年にお母様がお亡くなりになったのをきっかけに、「人生に悔いを残したくない」と、お寺と仏像の名所である奈良県に転居されました。現在でも絵の勉強を続けていらっしゃいます。

仏に祈りを捧げながら、絵筆を握る毎日。心の充実と喜びとは裏腹に、むろん絵で生計を立てるのは楽なことではないと容易に想像できます。

そんな佐藤さんだからこそ、若い私達のためにあえて口すっぱくおっしゃってくださったのでしょう。

私もようやく今となって、佐藤さんの言葉の重みがわかるようになりました。

お寺は存続させて、末永く檀家さんのお役に立ててこそ意味があります。

ですから、自分のためだけではなく檀家さんのためにも、きちんと収益を上げなくてはなりません。

いわゆる普通のお寺であれば、宗教法人の経済的な優遇を受けられます。

しかし自分で新しくつくったお寺であれば最初は単なる自営業です。優遇はありませんし、簡単にたたむこともできます（それゆえ信用を得にくいというデメリットもあります）。

「自分の代だけでいいよ、後のことは知らない」

「ダメだったらやめてしまえばいい」

それも正論ですが、もし檀家寺としてお葬式等の法務をするのであれば、やはり後々のことまで責任を持たなくては檀家さんが困ってしまいます。

法務を行わない布教だけのお寺であっても、ひとりでも多くの方とご縁を結ぶために、できるだけ長い間続けるに越したことはありません。

もうひとつあります。

収入がなくて、支出ばかりがかさみ、通帳の残高がどんどん目減りしていく生活が想像できますか？

最初は「仕方がない。覚悟していたことだ」と平気でも、次第に「こんなことをしている場合ではないんじゃないか」と焦ってきます。

そんな状態では、お寺の仕事にも身が入らず、いい仕事ができません。

まさに「衣食足りて礼節を知る」です。

時間を割いて人の相談に乗る、優しく話を聞く、というのは、自分自身に余裕があって初めてできることです。

精神、お金、時間、全てに余裕があって、心身ともに健やかであるからこそ人様のためにも還元できるのだと思います。

そのためにも、やはり、お金は一番大切です。

何もがむしゃらに檀家さんを集めなさい、高い寄付金を集めなさいと言いたいのではありません。経済的な安定のために他にメインの職業を持つ、あるいは副業する等の手段を講じるべきです。

私達もお寺を始めた当初「寺子屋」という塾を開いていましたが、たとえ月に数万円でも固定収入があるというのは心強いものでした。

お寺開山を計画しているあるご夫妻は、まとまった資金をおふたりできちんと用意されています。

しかし建物を購入し、もしその後無収入になることを考えたら、お金はいくらあっても足りません。貯めるは難く、使うは易しです。

幸い奥様はベテランの助産師さん。現在もバリバリ働いてらっしゃいます。旦那様は長年役僧を務めたことからお寺関係の人脈があり、今でも繁忙期には遠方に出張して法務のお手伝いをなさっています。

お寺開山後も奥様が助産師を続ければ経済的にも安心ですし、人の生命誕生をサポートするというお仕事は、坊守を勤めるうえでも大いにプラスになるに違いありません。若い女性の檀家さんにとっても頼もしいだろうなと想像します。

「お寺を始めるなら、助産院を併設されてはどうですか」

と勝手な提案をしているのですが、おふたりが今後どのような形でお寺をつくるのか、とても楽しみです。

また、檀家さんからお預かりしたお金をきちんと管理し、一円だって無駄にせず役立てるのも管理者たる住職の責務です。

「お金に執着しない」のと「どんぶり勘定」は全く別物。

「信者さんたちのお寺を守るために」という趣旨で宗教法人法があり、せっかくさまざまな優遇が受けられるのですから、税制や法律についても広く勉強する必要があります。

お金を稼ぐことイコール悪いこと、申し訳ないことと思わずに、自信を持って正々堂々とお布施をお預かりして、しっかり檀家さんのために役立てたいですね。

出家は「理想の世界」ではない

「社会での人間関係がうまく行かないから」

「普通に企業で就職しても、難しそうだから」

そんな理由でお坊さんになりたいという方も、少なくありません。

ご本人が出家を希望されることもありますし、ご家族の方が勧める場合もあります。

お寺の世界なら人間関係のゴタゴタやトラブルもないだろう。自分のペースで過ごせる理想的な環境だろう。一般社会ではうまくやっていけない自分も、優しく受け入れてもらえるだろう。

そのように思われるようです。

残念ながら、それは思い違いです。

この世に人間として生きている限り、どこへ行っても人間関係のわずらわしさから逃れるすべはありません。

いろんな人たちがそれぞれ自分勝手に自己主張している社会で、苦手な人とも、嫌いな人とも付き合っていかなくてはならない。お釈迦様が八苦のなかで「怨憎会苦」として挙げている通りです。

まず修行は集団生活です。先生がいて、修行仲間がいます。守るべきルールがあります。禅宗では連帯責任で厳しいスケジュールをこなしていくと聞いています。

また僧侶となってお寺に入ったならば、檀家さん、そのご家族、他のお寺さん、ご近所さん、業者さん……数限りない方たちとのお付き合いが始まります。

お寺は「接客業」そのものです。色々な環境で育ったさまざまな方たちと、密にお付き合いしていくのです。それぞれカラーの違うご家族の中に深く踏み込んでいくのがお寺の仕事といえます。

とても「人間関係が苦手だ」とか「自分は引っ込み思案だ」「人前に出るのは恥ずかしい」などと言っていられません。

しかし、何も話し上手で社交家である必要は全くないと思うのです。

檀家さん同様、お坊さんだって十人十色。口下手な人も、無口な人もいます。変わった人は、むしろ他の業界より多いかもしれません。

何であれ「人と接していく」のがお寺の基本。自分を飾る必要はありませんが、それなりの努力は必要であるということをご理解ください。

単に「苦手なことから逃げたい」「避けて通りたい」という気持ちではなく、その弱点に向き合おう、克服しようという気持ちで僧侶を志すならば、それは大いに素晴らしいことです。仏教を学ぶなかに答えを見出そうとするならば、仏教はきっとそれに応えてくれるものと思います。

また逆に、新しくお寺をつくるにあたって
「他のお寺からの風当たりが、さぞ強かったでしょう?」という質問もよく受けます。

私たちが宗門を出る直接のきっかけとなったのは、同宗派のあるお寺さんの強い反対を受けたからです。

反対される理由はたくさんありました。浄土真宗の宗務員でありながら、独自の布教活動をしようとしていたこと。そのためにホームページを見切り発進していたこと。また当時の私が既存のお寺の欠点に対し批判的な発言をしていたのも気に障ったようでした。

「こんな勝手を許していいのか」

憤慨したその方は、県内の同宗派のお寺に一斉に意見書を送ったそうです。当然私たちはその書面を読んでいませんので、内容はわかりません。

しかし夫と夫の上司がそのお寺へ釈明に訪れた際、その方はポロッとおっしゃったそうです。

「葬儀をしないで、布教だけの寺なら構わないけど……」

おそらく、それは、本音なのだと思います。

南国の小さな町でお寺を始めた方のブログを読んだことがあります。

その方も同宗派の既存のお寺さんたちの反対を受けたのですが、本山や周りのお寺と真正面から向き合い、あくまで正攻法で突破しようと奮闘されていらっしゃるようでした。

「同じ念仏の教えを広めるためにお寺をつくるのに、どうして反対されなくてはならないんだ」

それは全くの正論です。

しかし誰も「新しいお寺をつくってください」なんて頼まないところに、勝手にお寺をつくるのです。歓迎、応援、そんなもの期待するほうが間違っています。

私たちに反対したそのお寺さんは、もともと夫とはいろんな組織を通じて親しい付き合いがありました。友達のように思っていたからこそ、夫は「お寺をつくるつもりです」とあらいざらい正直に話していました。

それがこのような結果を生んだわけですが、恨む気持ちも責める気持ちも毛頭ありません。誰だって自分のテリトリー内に商売敵ができて面白いはずはないのです。

どうせ宗門を抜けて単立寺院をつくるならもっと早く、波風が立つ前にさっさと失礼すればよかったな。その方に、無駄に嫌な思いをさせてしまったな。今では少し後悔しています。

違う宗派のお寺からは、どんな声も届きません。同様に、宗門を抜けてからは非難も聞こえなくなりました。

知らないがゆえに、想像で色々噂はされることもあったようですが、人の噂も七十五日、誤解はすぐに解けるものです。


新しくお寺をつくることで、どうしても好奇の目や不安の目はいろんなところから向けられます。嫌なこと、辛いこと、悔しいことだって、たくさん待ち受けています。綺麗ごとばかりでは済みません。

大切なのは、自分の中に信念という芯をもつことです。そしてやはり、志を同じくするパートナーの存在が何よりも心強いものです。

第二章
「一緒に、お寺をつくらない？」

アルビノに生まれて

これから「みんなの寺」が生まれる経過を書き進めていきますが、その前に私の夫であり、「みんなの寺」の住職・天野雅亮《がりょう》の生い立ちを語っておきたいと思います。

「みんなの寺」の住職、天野雅亮が生まれたのは北海道の函館市。昭和四十三年のことです。お寺の生まれではありません。

父は公務員。母は専業主婦。弟がひとり。父の転勤に伴い、道内を転々としながら育った、ごくごく普通の核家族一家の長男です。

ただひとつ他の人と大きく異なるのは、彼が「アルビノ」という体質の持ち主だったこと。

アルビノ。先天性色素欠乏症、白皮症ともいいます。

生まれつきメラニン色素を作る酵素の働きが弱く、肌も髪も真っ白です。

眼球の色素も薄いため瞳は茶色で、強い光が入るのを防ぐために自然に左右に揺れています（眼球震盪といいます）。

そのため視力が弱く、眼鏡をかけても〇・一ほど。視覚障害者として、障害者手帳を受けています。

昔は「白子（しろこ・しらこ）」とも呼ばれたこのアルビノですが、人間では一万人に一人の確率ともいわれています。

悪化する疾患でもありませんし、これが原因で早世することもありません。

ただ、外見上はとても目立ちます。日光のダメージを遮る色素がないため、周到な日焼け止め対策も必要です。

両親の知る限り先祖にアルビノの人はいなかったらしいのですが、突然真っ白な赤ちゃんが生まれて、さぞ驚いたことと思います。

アルビノの育児に関する情報も得にくかった時代。いじめられたらかわいそうという思いもあったのでしょう、物心つく頃には、夫の髪は黒く染められていました。

昔のアルバムには、雪のような肌をした幼い夫が、不自然なまでに黒々とした髪をして、大きな眼鏡をかけて写った写真が残っています。

アルビノの方の中には、ご自身の外見が大きなコンプレックスになっていたり、いじめを経験したり、結婚や就職で悩まれる方も少なくありません。

夫のもとにも「どんな苦労や差別がありましたか?」という取材が来たこともあります。


しかし夫は、根っからのポジティブ人間。いや、自意識過剰人間?

「こんな人間、めったにいないぞ! 自分は特別かもしれない」

くらいに思っていたそうです。

ただ両親が気にしていたのは痛いくらいによくわかって、特に母親の
「私のせいでこんな姿に生んでしまって、申し訳ない」という思いに気づくと
「自分は全然気にしていないのに……」と、どうしてよいかわからなくなって、辛かったそうです。

「この子は私と同じ、霊能者の道に」

母方の祖母の実家が岩見沢にあり、そこには有名な霊能力者のAさんという方がいました。

それで帰省をするたびにお伺いを立てにいったり、お守りをもらったりしていたそうです。

Ａさんは勤めをもつ普通のおじさんでした。

しかし人の悩みを言い当てたり未来を予言する力があるということで、毎晩自宅に大勢の方が訪れていたそうです。

決して広くはない民家の居間に順番待ちの人が詰めて座っている光景を、夫は今でもはっきりと憶えています。

Ａさんは幼い夫を見て

「この子は私と同じ道を歩みます」と断言しました。

「でも、今はその能力は必要ありません。封印しておきましょう。大きくなったらまたその力が出てきますから、もう一度封印が必要になるかもしれません」

そのようなことを言われたせいか、夫も両親も心のどこかで

「スピリチュアルな方向に進むかもしれない」という考えを、知らず知らず持ち続けていた可能性はあります。

けれども小さい頃から車が大好きで手先も器用だった夫は、大きくなるにつれエンジニアを目

指すようになりました。

高校は帯広市の進学校に入学。将来は理工系の大学に行き、自動車エンジンの設計をしたいと夢見ていましたが……。

なんと、視力の問題でそれが叶わないらしいと判明したのです。既に高校生活も終わりに近づいた頃です。

進路変更が受験に間に合わないと知るや、夫は潔く浪人することに決めました。

札幌市にある、公務員の子弟向けの寮に入り、予備校生活を始めました。


そこで不思議なことが起こりはじめました。

心霊現象というのでしょうか。先のことがわかるようになったり、幽体離脱をしたり。見えるはずのないもの、聞こえるはずのないものが次々に「わかる」ようになってきたのです。


夫は、小さい頃にAさんから言われたことを思い出しました。

「大きくなったらまたその力が出てきます」

もしかしたらAさんの言う通りなのかもしれない。そうでなければ、説明がつかない。

精神世界への関心を強く持っていた夫は、当時日本ではまだ珍しかった気功を学びながら、その能力と向き合ってみようと考えました。

秋には予備校を辞め、東京に住むBさんという中国人の気功師に弟子入りする約束を取り付けました。

「春には上海に帰るから、その時一緒に中国に連れて行ってあげよう」

と一度は話が決まったのですが、中国の政情が緊迫を高めていた時期でもあり（三年後に天安門事件が起こります）、思想や宗教に関わることでの外国人の入国は認められず、弟子入りの話は白紙に戻りました。

途方にくれたのは夫です。

「これからどうしよう？」

ふと思い浮かんだのが、僧侶への道でした。

高校の近くに浄土真宗本願寺派の本願寺帯広別院という大きなお寺がありました。

母親の友人が浄土真宗のお寺出身だったご縁もあって、そこへ相談に行くと、当時の副輪番《ふくりんばん》（寺院の副責任者）さんから

「京都にお坊さんになるための学校があるから、入学してみたら」と勧められました。

仏教にはいろいろな宗派があり、それぞれに教えが違うということはなんとなくわかっていました。

しかし何がどう違うのか、まして自分には何が向いているのかなど、知る由もありません。浄土真宗のお坊さんの学校に行ってもいいのか？　迷いました。

「まずはひととおり勉強してみて、それでどうしても浄土真宗は合わないと思ったら、転派する方法もあるよ」

そんな副輪番さんの軽い口調に安心してしまい、それなら、と腹を決めた夫。

実は教義の上で「修行」がなく、占いまじないの類をキッパリと否定し、ある意味一番スピリチュアルなことから縁遠いのがこの浄土真宗なのですが……。

こうして夫は仏教の世界に身を投じることになったのでした。

「金髪のお坊さん」誕生！

「お坊さんになるのも向いているかもしれないね」

進路に関しては息子の意思に任せ、別段反対もしなかった両親。ですが、身近に僧侶がおらずお寺の世界がどのようなものかも全くわからないわけですから、不安はあったと思います。

入学手続きのため京都へついてきた母は、別れ際に涙したそうです。


夫はけじめとして、岩見沢の霊能者・Aさんに「僧侶になります」と手紙を書きました。

霊能者、祈祷者、そういった方向へ進む可能性はなくなりました、という報告でもありました。

戻ってきた返事には
「仏道は大変です。どうか、六道の中の人として生きることを忘れないでください」という励ましと忠告が書かれていました。

六道とは、仏教でいう地獄・餓鬼・畜生・修羅・人間・天の六つの世界のことです。

「あなたはその中の人間として生きることを選んだのですから、その覚悟を忘れないように」

とAさんは言いたかったのでしょう。

人間として生きるということはつまり、他の世界と波長を合わせたり交信しながら生きることはない、人間以外が持つ特別な能力をこいねがい研ぎ澄ますことはない、ということです。

今でも夫は勘が鋭いというか、いろんなことを予見します。

「どうしてわかったの?」と驚かされることもしょっちゅうです。

しかし、生きている人同士もそうですが、波長を合わせなければ、自然と疎遠になるのが普通です。出会った頃よりもどんどん「普通の人」になってきて、逆に安心しているくらいです。


そのようないきさつを経て、夫は京都の「中央仏教学院」という僧侶養成学校に入学しました。

その学校では一年間の課程で浄土真宗本願寺派の教義や仏事作法について一通りの基礎が学べ、卒業時には得度《とくど》(お坊さんになる)資格が得られます。

そのためお寺の子女が多く通っていますが、篤信の門徒さんや、一般の方にも門戸は開かれています。


夫はここでお坊さんとしての第一歩を踏み出しました。

入学して一番の(見た目の)変化は、髪を染めるのをやめたことでした。

親元を離れ、親の目を気にする必要がなくなったこともありますが、「あるがまま、ありのまま」

の仏教を学ぶものとして、やはり自分を偽るのはやめようと思ったからです。

浄土真宗の僧侶は剃髪する必要がありません。

ですから白い髪をそのまま伸ばしました。毛量が増えると、薄い金髪に見えます。

そんな彼が黒い衣を身につけた姿は、まるっきり「ガイジンのお坊さん」。

道を歩くと「お国はどこですか」と珍しがられ、修学旅行生に囲まれて記念写真を撮られる始末でした。

同級生にも「いまの方が断然カッコいい」と好評だったそうです。

さてもとより人一倍熱意はありましたので、真面目に勉強し授業も皆勤賞の夫でしたが、「このまま浄土真宗の僧侶になっていいのだろうか」という悩みはずっと持ち続けていました。

浄土真宗の念仏の教えに、理解はできても納得ができない部分もたくさんありました。

一方でストイックな修行に対する憧れも強く、比叡山や高野山で修行してみたい、禅寺で座禅や作務もしてみたい、そう考えていました。

幸い京都は仏教のメッカです。各宗派の本山をはじめ、大きなお寺ががたくさんあります。

暇を見つけては、それらのお寺を訪ねて歩きました。聞いてくれるお坊さんがいたら、自分の素直な思いを打ち明けました。

「隣の芝生は青く見えるものだよ。どこの宗派も同じだよ」という方もいれば「あと何年かは腰を据えてやってみたら。それで、どうしても合わないと思ったらうちにおいで」という方もいました。


夫も、わからないものはわからないなりに、もう少し勉強してみることにしました。

葛藤を抱えながらも、しかし葛藤を抱えるがゆえに、このままあっさりとは去りがたかったのです。

それで、卒業しても同級生と一緒に正式にお坊さんになることはせずに、研究科と呼ばれる上の過程に進みました。

一年間、本願寺母子寮というところに住み込みで勤務しながら、勤労学生として学びました。


あっと言う間に一年が過ぎ、再び卒業時期が近づきました。

担任の先生は、夫が一般家庭出身で帰るお寺がないことは知っていますから「良かったら、京都の別院に勤めないか」と推薦してくださり、ご自分のご実家のお寺の衆徒《しゅと》（そこに所属する僧侶）にしてくださいました。

夫はありがたくそのお話を受け、正式に僧侶となりました。

法名は、名前の一字をとり「雅亮（がりょう）」としました。

京都での下積み時代

夫が一番初めに勤めたお寺は、「本願寺北山別院」といって、京都市左京区にありました。親鸞聖人が六角堂に百日間の参籠を行ったとき、延暦寺からの行き帰りに身を清め喉を潤したといわれる井戸がある、由緒正しいお寺です。

門徒さん六十軒。輪番（寺院の責任者）と夫ひとりが勤める小さなお寺ながら、敷地二千坪と広く、保育園も経営していました。

そこでの夫の仕事は何かというと、とにかく、掃除、掃除、掃除です。

毎朝本堂を掃除して朝のお勤めをすると、雨の日以外は毎日、ひたすら山ひとつ分の境内地の草を刈り、木の枝を剪定し、石をよけ、落ち葉を掃くのです。

午前、午後あわせてたっぷり四時間は要する作業です。

その合間に門徒さんの家に自転車でお参りに行きます。

月忌参りといって、それぞれのお宅のご命日にあわせて毎月お経をあげに行きました。

六十軒の門徒さんを三十日で割っても、一日二軒。多い日でも五軒ほどです。

ですから時間には割と余裕がありました。毎回お経の後にご法話をして、ゆっくりお茶をいただいて、お話をたくさん聞いて帰るのが常でした。

もちろん学校を出たばかりの新米ですから、お経も作法もおぼつかなく、法話も不慣れです。失敗もあります。

それでも門徒さん方はみなさん、二十歳そこそこの夫を息子のように可愛がってくださったそうです。

月に一度参る日を楽しみにしてくださり、ご飯を用意してくださったり、お子さん方の勉強を見て欲しい、と頼まれたり。

毎朝お寺で行うお勤めに、八年間一日も欠かさず来てくださったおばあちゃんもいました。

夫も毎朝、そのおばあちゃんひとりに向かって法話しました。

それでずいぶんと鍛えられたそうです。

「お育てをいただく」という言い方があります。

僧侶は、得度した時点でパーフェクトなのではなく、門徒さんたちに温かく見守っていただきながら、だんだんと本当の僧侶になっていきます。

そういう点では、若いうちに僧侶になったことも、北山別院に勤めて門徒さんたちに恵まれたことも、非常にありがたいことでした。

門徒さんとの距離が近いお寺だったからこそ、接し方や、門徒さん達が何を望んでいるかなど、じっくりと知ることができたのです。

また、上司である輪番のご理解を得て、勤務と平行して大阪の「行信教校」という学校に通いました。

午前中に授業を受け、午後に京都に戻りお参りに行くという生活を二年間続けました。

行信教校はお経の原典を読むなど、中央仏教学院に比べより深い専門的な研究をする学校です。しかも当時はそこを卒業しても特に何の資格も得られないという学校でしたので、純粋に勉強がしたいという熱心な生徒ばかりが集まっていました。

ここで多くの友人ができ、刺激を受けながら研鑽することができました。

それで教学についてはさらに学ぶことができましたが、胸のうちにある「自分は本当にこのままでいいのだろうか」という思いは、変わらずあったそうです。


九六年の、ある初夏の日。

自転車に乗り坂を下っていた夫に、ある神秘体験が訪れました。

突如まばゆいばかりの光に包まれ、頭の中に「何かが」とめどなく流れ込んできました。

溢れ出す喜びに涙が止まらなくなり、そこで自然に
「ああ、旅に出る時だ」とわかったそうです。

三蔵法師の歩いた道をたどって、インドに行こう、と。


夫はその時、二十八歳になっていました。

お釈迦様が王子の座を捨て、生まれたばかりの息子を置いて出家したのが二十九歳。

親鸞聖人が二十年間の修行ののち、比叡山を降りたのも二十九歳。

その年齢を前に、感じるところも強かったのでしょう。

旅に出る理由や心境を上手には説明できませんが、とにかく「今だ」とわかったのです。

お盆を終えてから退職し、九月に神戸港から船で出国しました。

門徒さんたちから、お餞別が三十万円も寄せられました。港までわざわざ見送りに来てくださった方もいました。

改めて、ここ北山別院で受けたご恩の大きさを思い知ったそうです。

コラム

どうすればお坊さんになれるの？


「お坊さんって、お寺に生まれた人しかなれないんでしょ？」

これも違います。

「職業選択の自由」を持ち出すまでもなく、もともと仏教は年齢性別出自を問わず、出家したい人は誰でも歓迎という宗教でした。そもそも、仏教の出家者は結婚しません。日本のお坊さんが結婚し、お寺が世襲制になったのは明治以降（浄土真宗は例外で、鎌倉時代からずっと世襲です）。お坊さんの子供がお寺を継ぐという光景は、近代日本特有の不思議な現象なのです。
みんなの寺の住職、つまり私の夫もお寺の生まれではありません。お坊さん学校時代の同級生も、一割ほどが一般家庭出身者だったそうです。お寺生まれ以外の人がお坊さんになることは、決して珍しいことではありません。

けれども、やはりお寺に生まれた人がお坊さんになる率が高いのは事実です。お寺を継ぐことを家族や檀家さんが期待するケースは当然多いでしょう。そして実際に、一般家庭出身者に比べて格段に「なりやすい」のです。

一般家庭から出家したいという方の一番の壁は「師僧・所属寺探し」です。どの宗派であっても、身元引受人となってくれるお寺が必要ですが、それを引き受けてくれる方を探すのが難しいのです。この点、自分の家や親戚がお寺であればあっさりクリアできます。

しかし、面識のない人がどこかのお寺を訪ねて「保証人になってくれませんか?」というのは正直厳しい。「仏道を志す後進のために、ハンコくらい押してくれても……」というお気持ちもわかりますが、軽々しくは引き受けられないお寺サイドの事情もわかります。

私が今までに聞いた例では、

「自分の菩提寺の和尚さんが引き受けてくれた」という方。

「ホームページで見つけたお寺に頼んだら、期限付きで引き受けてくれた」という方。

「通信教育を終了したら、教務所が所属寺を探して紹介してくれた」という方もいます。

うちの住職の場合は僧侶養成学校に二年間通いましたので、卒業間近になって指導教官（もちろんお坊さんです）が

「天野君はまだ所属寺が決まっていないのか？　じゃあうちのお寺の衆徒にしてあげるよ」

とおっしゃってくださったそうです。

やはり、宗門大学や大学の仏教学科、僧侶養成学校で学べばご縁はつながりやすいです。学校に入学するくらいですから、生半可な気持ちではないということも証明できますし、人柄や頑張りぶりを身近で見てもらえるので受け入れる側も安心できるようです。

ただし、宗派によっては、入学前に保証人が必要なところもありますので、ご注意ください。

師僧さがしはご縁のものなので、「こうすれば必ず見つかるよ」ということは断

言できないのですが、本気でやろうと思えば道が開けないということはありません。ぜひ頑張ってください。

その上で「どうすればお坊さんになれるのか？」については、各宗派でプログラムが全く違いますので、ここで一概に説明はできません。ごめんなさい。

しかも同じ宗派の中でも、学歴などの個人の事情に合わせて複数のプログラムが用意されているのが普通です。勘違いされている方も多いのですが、僧侶の資格というのは統一された国家資格ではなく、その宗派の中だけで通用する民間資格です。

浄土真宗のお坊さんが「やっぱり曹洞宗のお坊さんになりたい」と思ったら、また一から曹洞宗のお坊さんになるための修行をしなくてはなりません。ですから、どこの宗派で出家したいのか、つまり自分はどの教えを学んで、どの教えを布教する僧侶になりたいのかを最初にしっかり考えなくてはなりません。

まれに「どこの宗派でもいいから、一番簡単に資格が取れるところを教えて欲しい」という方がいますが……。信者さんのためにも、ご自身の大事な将来のためにも、もう少し下調べなさってからお越しくださいね。

コラム

ヒマラヤ遭難

旅は天津からスタートしました。

北京、西安などを抜け、西へ西へと向かう旅です。シルクロードを目指し、蘭州から敦煌へ。新疆ウイグル自治区のウルムチへ。タクラマカン砂漠を眺めつつ、天山山脈へ。

その後、中国の西の国境のカーシーから、ぐるりと国境沿いに山を越えてチベットのラサを目指しました。

これはガイドブックにも乗っていない非合法ルートです。

中国の公安（警察）に見つかれば即逮捕されますので「チベットに仏教の勉強をしに行く日本の僧侶だ」といって、現地の人にかくまってもらいながら、ヒッチハイクで行きました。

到着までは約一ヶ月。途中六千五百メートルを超える崑崙山脈もあり、極めて過酷な旅となりました。

六千メートルを越えたあたりからは、高山病にも見舞われました。

途中の山中でばったり倒れているところを、チベット警備の軍隊の人に見つかり、食事の接待を受けたことも。

カイラス山のふもとを通るルートを希望していたのですが、雪で断念。しかし、カイラス山を身近に眺めながら通る別のルートで、無事にラサまで到着しました。

ラサで二、三週間を過ごした後、ネパールへ行き、そこからヒマラヤのカラパタールを目指しました。トレッキングを開始したのは、十二月の初め。旅に出てから既に三ヶ月が経っていました。

徐々に歩を進め、クリスマスも間近になったある日のこと。

なんと、ヒマラヤ山中でひとり遭難してしまったのです。

事の顛末はこうです。

日没までに次の村を目指していた夫は、ちょうどそこへ向かうという現地のおばあちゃんに案内を頼みました。

しばらく一緒に歩いていたのですが、反対方向から来た外国人の一団が夫に話しかけてきて、それに答えているうちに、なんと彼女はヤクを連れてさっさと先に行ってしまったのです。

彼女を探しているうちに、くだんの外国人の一団も足早に降りていってしまい、気づけば誰の姿も見えなくなっていました。

標高五千メートル。

周囲を高い雪山に取り囲まれた、草木も生えないヒマラヤの岩場。

数メートル級のごつごつとした大岩があたり一面に転がる、殺風景な荒野です。

そこでひとりきり。

あたりは急速に暗くなってきます。空気がどんどん寒気を帯びてくるのがわかります。

日中は汗ばむほどの陽気ですが、夜はマイナス十度～十五度にもなります。

寒さをさえぎるものは何もありません。

夫はリュックサックから衣類を全て取り出し、重ねて身につけました。

適当な岩陰にリュックサックを敷くと、そこに座り込みました。

とにかく、体温を奪われることを防がなくてはなりません。


遠くで岩の崩れる音がこだまとなって響きます。

空には鷹に似た大きな鳥が、ゆっくりと弧を描いて飛んでいます。

まるで自分を狙っているかのようです。


ほどなく完全に日が落ち、周囲は闇に包まれました。

自分がここにいることは、誰ひとりとして知りません。

「ここで死ぬのかな……」両親の顔が浮かびました。

不思議と死ぬのは怖くありませんでした。心は湖のように静かに澄んでいました。

ただ、ここで死んだら、遺体は見つからないだろう。親は悲しむだろうな。そう思いました。


空を見上げました。

ヒマラヤの満点の星空が眼前にありました。

三百六十度、まさに手が届きそうなほど近くに、大小の星星が隙間なく散りばめられています。

「もし……」

夫は思いました。

「もし、自分にまだこの世でやるべきことが残っているのなら、きっと生きて帰れるだろう。そうしたら、お寺を建てよう。自分の残りの人生を、そのために使おう」

凍てつく岩の上で、そう決意しました。

眠らないように一晩中お経をあげたり瞑想したりして、夜を過ごしました。

翌朝、日の出の方角を頼りに歩き出し、無事に村へとたどり着くことができました。

一年半もの海外放浪を終えて

下山した夫はネパールで新年を迎え、その後、旅の最終目的地であるインドに入国。

まずインド北部にある仏跡を巡り、その後ヨーガの聖地リシケシで道場に入り、三ヶ月ほどを過ごしました。

以上で予定していた旅のルートは全て踏破したわけですが、これで終わりとはなりませんでした。

「縁、なんだなあ」ガンジス川沿いを歩きながら、夫は考えていました。

仏教では、因（原因）に縁（条件）が加わって始めて、果（結果）が出るといいます。

もちろん因を作るのは自分ですが、それだけでは果にならない。

日本では、計画を立ててお金を出せば、たいていはその通りに行動できます。

けれども海外ではそうは行きません。

電車ですら、半日遅れは当たり前。田舎ならなおさらです。希望の行き先へ着けるかどうか、半分は運しだい。協力してくれる人と出会えるか。天気はどうか。

それにより、どんなに頑張ってもたどり着けないこともあれば、逆にそのつもりがなくても予想外のところで長逗留することもあります。

何かを知りたい、変わりたいと思って始めたはずの旅。あえて過酷なことにも挑戦しました。

それでも結局のところ、変わらない自分がいる。

縁によって動かされている自分がいる。


そう気づくと、ふっと肩の力が抜けました。

そして素直に「旅を楽しもう」と思えました。

こうしてせっかく旅をする縁があるのだから、縁の催すまま、楽しんで進んでみよう。

今のうちに、うんといろんなものを見て、いろんな人にあって、見聞を広めよう。

そう考えた夫は、再びリュックサックを背負って旅立ちました。


まずはパキスタンに渡りました。それからイラン、トルコ、シリア、ヨルダン。

エジプトに行き、再びヨルダン。そしてケニアに飛びました。

秋には再びインドに帰り、今度は北インドだけでなく南インドもぐるりと回り、また三ヶ月ほど滞在しました。

南インドではサイババに会い、北インドのダラムサラではダライ・ラマ法王に会い、カルカッタでは亡くなる二週間前のマザー・テレサにも会いました。

また道場に入り修行もし、自ら洞窟にこもるなど、瞑想三昧の日々を送りました。

宗教を問わず寺院を訪れ、さまざまな宗教者や人々と出会いました。

同じように世界を放浪している外国人の僧侶や旅行者とも友達になり、夜な夜な語り合いました。

国や宗教が違っても同じ人間。大切にしているもの、悩んでいることは変わらないんだと痛感しました。


この社会で、自分はどんな人間になって、どんな役割を果たしたいのか？　宗教ができることとは何か？

どんどん「自分がつくりたいお寺」のイメージが出来上がりました。


そして、海外に出て二度目のお正月。

ちょうど北海道の父親が還暦を迎え、お祝いのために一時帰国しました。

夫は再び海外に戻る心積もりだったのですが、両親が大反対。

「もう三十になったというのに、いつまでフラフラしているんだ」

そう言われると、そろそろ自分磨きの旅も十分かと思い直し、日本にとどまることにしました。

京都に「伝道院」という本山の研修機関があります。まずは、そこに入学しようと考えました。伝道院とは百日間の全寮制で布教の研鑽を積むところで、終了後は「布教使」という資格が取れます。

その入学試験に合格し四月からの入学が決まると、夫は再び飛行機で出国し、残りの日をタイとカンボジアで過ごしました。

四月、伝道院入学の日。他の僧侶の皆さんがスーツで来所する中、夫はひとり関西空港から真っ赤なTシャツ姿で直行したのでした。

運命の仙台へ

百日間の過程を終了し、無事に「布教使《ふきょうし》」となった夫でしたが、もちろんその後の進路は全くの未定。
しかしここでも
「天野君の進路は決まっていないのか？」
と気にかけてくださった優しい先生がいらして、

「東北教区で教区相談員を募集しているよ。受けてみたら」
というお話を持ってきてくださったのです。

浄土真宗本願寺派では全国を三十二のエリアに分け、その一つ一つの区域を「教区」あるいは「特別区」と呼んでいます。また教区はさらに細かい「組《そ》」に分かれています。

東北教区には、東北六県の浄土真宗本願寺派のお寺一五一ヶ寺が所属しており、九つの組に分かれています。

教区の事務所である「教務所」はそれらのお寺と本山をつなぐ窓口業務を行ったり、各種研修会や団体を主催運営したりします。

教区相談員とは「基幹運動」といって、差別撤廃などの人権問題に取り組む運動を推進する役職です。各教区に置かれます。

そこで東北教区の教務所がある仙台へ面接に行くと、
「じゃあ早速、明日から来てください」とその場で採用になりました。

教務所や別院に勤める「宗務員」には勤続年数によって等級があり、給与もそれによって決められます。夫は一度北山別院を辞めているのですが、宗務員等級は継続のまま勤められることになりました。

また、東北教区教務所は「本願寺仙台別院」というお寺も併設しているので、半年後にその職員も兼ねることになりました。

この仙台別院というお寺は、家族で運営している一般的なお寺とは、だいぶ雰囲気が違います。別院の責任者は輪番《りんばん》といいますが、輪番という名前から分かるように、全国の別院や教務所を転勤して廻ります。職員も同様です。

仙台別院には当時職員が六人いらしたのですが、みなさん出勤時はスーツにネクタイ、その上に黒い衣を着て輪袈裟をかけ名札をつけていました。

前の職場である北山別院とは、雰囲気もペースも完全に異なりました。

北山別院では日がな一日屋外で草むしり。時間はのどかにゆっくりと流れ、門徒さんたちとも密におつきあいできる、ある意味昔ながらのお寺らしいお寺でした。

それが一転。

仙台別院にも門徒さんがいますので、通常のお参りもしますが、基本となる仕事は教務所の事務です。

毎日パソコンの前に座り、次々と流れてくる事務作業をこなす多忙な日々が始まりました。

夫は当初、近所のアパートを借りていましたが、すぐにお寺に住み込むようになりました。深夜早朝の電話や来客に対応しなくてはならないため、お寺への住み込み希望者は少ないのです。しかし家賃光熱費がかからないため、夫は喜んで引き受けました。

また夫は、お通夜などの「時間外」の法務にも進んで出て行きました。お参りやお説教などの法務が好きでしたし、はやく仙台の仏事に肌で慣れ、経験を積みたいと思っていました。

もともと目立つ外見をしていた上に、登場の機会も多いものですから、葬祭業者さんにも「別院の天野さん」と顔と名前を広く憶えてもらえました。

またここでみっちりと煩雑な事務作業をしたおかげで、「宗教法人の事務会計」に関する知識が身につきました。

これがあとあとお寺を開く上で、とても役に立っています。

夫は、ずっと私を待っていた

一般家庭から僧侶になった夫には「いつかは自分のお寺を」という夢がありました。

しかしそれは必ずしも新しいお寺をつくるという意味ではなく、空き寺に入ったり、お寺の養子になるという選択肢も含めた、「いつかそうできたらいいな」という程度の漠然とした願望でした。

それが、ヒマラヤで遭難し九死に一生を得て、死ぬまで僧侶として生きる覚悟が定まった瞬間、現実味を帯びた確かな目標となったのです。


それでは何故、帰国してからすぐにお寺づくりに取り掛からなかったのか？

伝道院に行ったり、仙台別院に勤務したりしたのか？

そこには夫なりの、ちゃんとした理由がありました。


夫は、お寺をつくるためにはパートナーが不可欠だと考えていました。

「自分ひとりでお寺はできない。自分に欠けているピースを埋めてくれる坊守《ぼうもり》を見つけるまでは難しい」と思っていたのです。

「坊守」とは、真宗のお寺の奥さんの呼び名です。

お寺の奥さん、寺嫁さんの定義は宗派によって違いますが、基本的な仕事はほぼ共通しています。一言で言えば住職の補佐。掃除、法要準備、来客応対から事務会計まで、お寺の運営が円滑に進むためのありとあらゆる業務が仕事です。

特に真宗の場合、お寺は出家者の修行の場ではなく、民衆の聞法《もんぽう》の場。坊守は単なる住職の妻ではなく、門徒さんたちの念仏の同行者です。

そのため「寺は坊守でもつ」とまで言われ、坊守はお寺の牽引役として、ある意味住職以上の働きが期待されています。「嫁は裏方に徹する」なんてとんでもない、坊守が前に出てこなくてどうする、といった雰囲気さえあります。

夫は旅を終えて日本に帰国した後、友人の紹介を得て、首都圏近郊の新しいお寺をいくつか見学してまわりました。宗派はいろいろ。お寺の形態も、本山の後援を受けてつくられたところ、そうでないところ、さまざまあったそうです。

その中の一ヶ寺を訪れたときのこと。出迎えてくださった坊守さんは、ひと目見てわかるほどに明るく感じがよく、また賢くてよく気がつく方だったそうです。ご住職は海外での開教から戻られてのち新しくお寺をつくった方で、豊富な布教経験と並外れたガッツをお持ちの方でした。しかし、この坊守さんの強力な支えがあればこその繁盛ではないかと夫は感じ取り、またうらやましくも思ったそうです。

夫が待っていたのは、綺麗な人でも優しい人でも、一緒にいて楽しい人でもありません。よき妻よき母として家庭を守ってくれる女性でもありません。

「一宗一山の坊守として共に奮闘し、寺を盛り立てる気概のある女性」

望むのはその一点でした。

インド旅行中、ヨーガの聖地リシケシに滞在していたときのこと。その町に、ある著名な占い師の男性がいました。本業は占い師ではなく宝石商なのですが、よく当たるということで外国人旅行者の間でも噂になっていたそうです。

韓国人のバックパッカー仲間に誘われて、夫も軽い気持ちで鑑定してもらいました。

その占い師は手相を少し見て、

「お前はモンク（僧侶）だろう」と言い当てました。

続けて、

「将来、お前は自分のアシュラム（道場）を持つぞ」と驚きました。インドで自分の道場を持つということは、桁外れにすごいことだからです。

しかし、同時に怪訝そうに首をかしげます。

どうしたんですか、と尋ねると
「おかしいな。お前はモンクなのに、結婚する相が出ている」と困った顔。

そこで、日本の僧侶は結婚するんだと説明したところ、納得したそうです。

たわいない占いといえばそれまでかもしれませんが、背中を押された気がして嬉しかったと夫は言います。


一般家庭出身の彼に、親切にお声がけをしてくださる方も過去には何人かいたそうです。

「この空き寺に住職として行かないか」「お寺のお嬢さんと見合いしないか」「海外で開教しないか」……。

けれども、どれも不思議とご縁がありませんでした。その気になれなかったり、条件が合わなかったり。

夫は確信を持ちながら、私と出会うその時を待ち続けることを選びました。時が至ればきっと出会える。間違いなくその日は来る。

そう信じていた夫の熱意が、あるいは私を引き寄せたのかもしれません。


だから、ひとこと、ふたこと、言葉を交わしてすぐにわかったのだそうです。

「自分がずっと待っていたのは、この人だ」と。

迷うことなく、夫はこう言いました。

「一緒に、お寺をつくらない？」

その1

「お寺をつくりたい人へ これぐらいは知っておこう」

僧侶の資格とは何か？

現在、僧侶の資格は各宗派が独自に定める方法で与えている。当たり前のようだが、奈良時代は僧侶は公務員であり、国が定めた戒壇で受戒しなければならなかった（「戒名」の起源もここにある）。しかし、当時この受戒の正式なやり方がわからず、日本独自のやり方でやっていた。そこで中国に渡った留学生たちが僧として認められないというトラブルが頻発した。

困った仏教界は、中国に頼んで鑑真に来日してもらい、東大寺大仏殿前の戒壇など日本各地に戒壇院を建て、受戒をしていったという訳である。

ただし、受戒するには有力寺院の推薦が必要な上、相当な難関だった。合格者はそのまま公務員として給料をもらうわけだから、やたら受戒した僧が増えては困るのである。

さて、そんな風習もなくなった今の日本では、僧の資格はどうやって得るのだろう。詳しくは本文に譲るが、寺の生まれでもなく住職の知り合いもいない人にとっては、かなり高いハードルに感じられる。自分を推薦してくれる「師僧」を見つけないと「得度」できないからだ。得度できなければ、修行僧にもなれないのである。

しかし、修行僧になってしまえば、あとは、本山で真面目に修行さえ積めば「教師」になれるとも言える。時間とお金に余裕のある人は仏教系の大学に進学すれば、それほど難しくないかもしれない。大学によっては在学中に僧侶資格を与えるところもあるぐらいだ。ただし､僧の資格は取ったからといって自分の寺が持てる保証はない。日本の寺の住職(僧)は、実質世襲になっている場合が多いからだ。(編集部)

第三章
「どうやって食べていくの?」

みんな死ぬの？

よく聞かれますが、「和公《わこう》」という名前は本名です。

変わった名前ですがお寺の生まれではありません。


私の故郷は青森県の小さな山村です。

実家は兼業農家。祖母と両親、そして妹と弟がひとりずつ。

祖母は信心深い人で毎日朝夕に仏壇の前で勤行しますが、特別に宗教色の強い家庭というわけでもないと思います。

私が五歳くらいのことでしょうか。こんなことがありました。
近所の家で、地獄の様子が描かれた絵本を読んだ私。
自分も死んだらこんな世界に行くのだろうかと、たまらず走って家に帰り、父親に
「お父さん、うちもいつか死んじゃうの？」と尋ねました。
父はこともなげに

「んだ。みんな死ぬ」

と答えました。

息が止まるような恐怖を覚えました。父は続けて言いました。

「和公も、お父さんも、お母さんも、おばあちゃんも、仁美（妹）も、生まれてきた人はみんな死ぬ」

その夜は父の布団にもぐりこみ、さめざめと涙を流しながら寝入ったことを、今でもはっきりと憶えています。

「絶対、死ぬの？」

「絶対、死ぬ」

「死んだら、どこに行くの？」

「誰も、わからない」

父は、死んだらどうなるかは誰もわからない、と正確に答えました。

「和公は死なないから大丈夫だよ」とも「死んだらみんな天国で一緒だから大丈夫だよ」とも言いませんでした。

この出来事が影響したかどうかはわかりませんが、私は本当に小さい頃から、宗教的なものが大好きな変わった子供でした。

祖母に誘われるままに一緒に仏壇にお参りし、次第に祖母がいない時にもひとり仏間で過ごすようになりました。

山深いお寺や神社に行くたびに、将来はこんなところに住みたいと憧れたものです。

図工の授業で秋祭りのスケッチに出向いたとき、みんなが露店や踊りの様子を描く中、御幣《ごへい》を振る神主さんの姿を描きました。

赤い布を買ってきて、巫女さんのはかまを縫おうと格闘したこともあります。

また小学生の頃から、常に遺言状を書いて宝箱に入れておくのが習慣となりました。

「自分が死んだら、こんな戒名をください」と一貫して書いていた記憶があります。

高校生になると、市営の霊園の中を散策するのが趣味となりました。

墓石はもちろん、法名碑を読むのが好きでした。たくさんの人が生まれて、死んで、それを弔う人がいた。その確かな記録に触れると、何ともいえない心の安らぎを感じました。

特定の宗教を信仰したわけではありませんが、宗教的なものには目がないという変わった女子高生時代。

いつしか校内に知らぬものがないほどの変人となり、「教祖」と呼ばれていました。

仙台で葬儀社員に

自分で言うのもなんですが、小さい頃から物怖じしない積極的な性格。

良くも悪くも思い立ったら即行動、やると決めたら勝手にやる子でした。

親もまたそんな私の好きなようにさせてくれましたので、進路に関しても私の希望に任せ、一切の口を挟みませんでした。

それを幸いに私はひとりもくもくと受験勉強に励み、東北大学文学部に進学しました。

国立大とはいえ、自宅外通学ですから少なくはないお金がかかります。うちは決して裕福な家ではありません。このあと進学を控えた妹も弟もいます。それでも親は快く学費も生活費も、何も言わず全額出してくれました。「学業に響くといけないから、無理にアルバイトはしなくていい」とまで言ってくれました（さすがに働きましたが）。

二年生から好きな専攻を選ぶことができるのですが、私はかねてより興味を持っていた〝宗教学〟を選択しました。

「教職につく気はないから」と教員資格も取りませんでした。それについても、両親は特に何も言いませんでした。ただ勉強内容はどうあれ、将来は地元に戻り安定した職業に就くことを期待していたに違いありません。

しかし私は、どうしても宗教に関する仕事に就きたいと強く願っていました。神社庁の職員か、葬儀社、墓石店、仏壇店あたりでどこかに就職できればと探し始めました。

そして仙台市内のある葬儀社の入社試験を受け、三年生のうちに内定。

両親に一言の相談もなく、勝手に面接を受けて、勝手に内定をもらって、完全な事後報告でした。口にこそ出しませんでしたが、両親は相当がっかりしたようです。

綺麗なセレモニーホールが林立し、女性スタッフが多く起用される昨今、葬祭業のイメージは急速に変化しています。しかし田舎ではまだまだ「人の嫌がる仕事」「死体を扱う仕事」というイメージから偏見や蔑視も根強いのです。

また私は「希望の仕事に就けるのだから」と給与体系も福利厚生もほとんど気に留めず就職しました。それもかなりショックだったようです。

苦労して大学を卒業させた娘が、基本給十二万。

夏に帰省した際に、

「もし近所の人にどこに勤めているのか聞かれたら、〝普通の〟会社で働いていると答えて欲しい」

と言われたことがあります。

それが両親の気持ちの全てを言い表している気がしました。

何の言葉も返すことができず、私はただうなずくだけでした。

高卒で公務員になった妹は、既に社会人としてしっかりと働いていました。

親の期待に応えている妹。それとは対照的な自分。

自分が好きだと思って選んだ道は、こんなにも親をがっかりさせてしまうものだったのかな。

悲しくなりました。

仏教に惹かれて

仏教の教義について、特に大学で勉強したわけではありません。

東北大学文学部には、私の在学当時二十五の専攻がありました。

印度学仏教史という専攻では、サンスクリット語・パーリ語・チベット語で仏典を読み、本格的に仏教を学ぶことができます。そのためお寺の子息も何人か見られました。

当時の私は、仏教よりはむしろ神道や民間信仰、死生観や宗教文化に興味がありましたので、印度学仏教史ではなく宗教学を専攻したのです。

仏教への興味が急速に増したのは、葬儀社に就職してからです。

私は葬儀会館のスタッフとして配属されました。

仕事内容は葬儀の準備、片付け、掃除はもちろん、宿泊する喪家さんのお世話や、僧侶の接待など。お通夜葬儀の際にはお焼香のご案内をしたり、出棺のお手伝いをしたり。返礼品の用意からお花の設置まで、とにかく何でも行いました。

扱う葬儀のほとんどが仏式でした。

僧侶を呼ばない無宗教葬儀や、神式・キリスト教式の葬儀は数えるほどしかありませんでした。

それぞれの宗派にあわせて、用意するご本尊や仏具が異なります。

お坊さんの服装や、お経も違います。

来る日も来る日もお坊さんを迎え、仏式の葬儀を目の当たりにしているうちに
「この作法にはどんな意味があるんだろう？」
「このお経はなんて言っているんだろう？」
どんどん興味が深まりました。

とりわけ一番面白そうだと思った宗派が「浄土真宗」でした。

宮城県では圧倒的に曹洞宗のお寺が多いのですが、

「浄土真宗のお寺」と「曹洞宗を含む他の宗派のお寺」との違いが際立って見えました。

葬儀準備の面からは「今回は浄土真宗だから、準備が楽でいい」と言われていたのが真宗でした。

使う仏具がシンプル。仏膳、水、お茶を用意しない。献杯をしない。お清めの塩を用意しない。

「浄土真宗だけはちょっと変わっている。何でだろう？」

私はどうしてもその理由を知りたくなりました。

自分でも本を読むなどして勉強を始めました。

「知りたい」という気持ちは人を突き動かします。私は乾いた砂のように、どんどん知識を吸収していきました。そして知れば知るほど、さらにいろんな興味がわいてきました。

その頃はインターネットが今ほどポピュラーではなく、ホームページを開設しているお寺も多くありませんでした。しかし中には行事の開催予定を載せていたり、メールで質問を受け付けているお寺もありました。

自分の家から一番近い大きな浄土真宗のお寺が、月に数回法話会を開催していると知り、勇気を出して足を運びました。

それが本願寺仙台別院でした。

私がお寺をつくる？

初めて仙台別院に足を運んだのは、一月だったと思います。そこで夫と出会いましたが、特に話などはしないまま、二回三回と参加を重ねました。

そして忘れもしない三月三日。その日は夫が講師を務める「日曜仏教講座」という催しがありました。

講座が終わった後、ほかの門徒さんたちと和やかにお茶をいただき、三々五々解散となったときのこと。

私は思い切って夫に話しかけてみることにしました。

「あの、真宗ではどうして幽霊を否定するんですか？」

夫はにっこりと言いました。

「俺は否定しないよ。見たことあるし」

それを聞いて「あれれ？　この人、なんか違うかも」私は目を見開きました。

今度は夫が尋ねました。「どうして葬儀屋さんに勤めているの？」

「ご遺体のお世話って、楽しいじゃないですか」

それを聞いて夫は、はっと思ったそうです。

意気投合というのでしょうか、その日の講座は午前中だったのですが、話が弾んで弾んで夜遅くまで語り合いました。

次の休みに車で山形へ行く約束をしました。

山形に夫の友人の僧侶がいて、最近お遍路から帰ったばかりということで、その話を聞きに行くことにしたのです。


私の車の後部座席には、空の骨箱と、修多羅《しゅたら》という仏具がアクセサリとして乗せてありました。骨箱は、たとえ空であっても気味悪いと感じる人が多いかもしれません。しかし私は好きでした。死を感じさせるもの、墓地もお棺も塔婆も、私にとっては気味悪いどころか逆にいとおしいと感じるものでした。

それを見て夫は「この子かもしれない」と確信を強めたそうです。


山形から戻った後。大きな公園でベンチに腰掛けながら、夫がおもむろに言いました。

「いつか自分のお寺をつくるのが夢なんだよね。みんなが自由に集まって、いろいろ話ができる、そんなお寺を」

なんて楽しそうな話だろう、と瞬時に思いました。

「是非つくってください！　天野さんなら、きっとできますよ」

言いながら、この人のつくるであろう自由で楽しいお寺のイメージがありありと浮かびました。

面白そうだな、自分も参加したいな……

「何でもお手伝いします。ビラ配りでも、掃除でも」

「和公ちゃんには、坊守になって欲しい」

夫ははっきりと言いました。

「一緒に、お寺をつくらない？」


お寺を？

私がお寺をつくる？　新しいお寺を、天野さんと一緒に？

言葉にならない興奮が沸き起こるのを感じました。

目の前が、ぱあっと明るく開けてきました。

私が宗教的なものに惹かれるのは、おそらく「向こう側」、聖なるものに対しての強い憧れがあったのだと思います。子供の頃から持ち続けていた憧れです。

自分もできるならば、そちら側に行きたい。行けないまでも、そちらを向いて生きていきたい。本当はそう心の中で願っていたのでしょう。

しかしお寺の生まれでもない私。宗教を本職にするだなんて、思いもよらないことでした。それが「一緒にお寺をつくろう」という夫の申し出により、チャンスがめぐってきたのです。

私はずっとこのチャンスを待っていたのかもしれません。本当にやりたかったことはこれだったんだと、すぐにわかりました。ここで手を挙げなくて、いつ手を挙げるんだろう。もしこの道を選ばなかったとしたら、その先の人生は、もはや私の人生とは呼べないと思いました。

親を泣かせてしまった

自分に訪れた生涯一度の幸運に、ただただ感激していました。

夫の突然のプロポーズを受け、お寺をつくると決意したのは三月十二日のことでした。

それから数日後。

私は実家に電話をかけました。

「もしもし」

電話に出たのは母でした。しかし私はその声を聞いて、いったいどこから説明したものか、何をどう話したものかと、携帯電話を持ったまま一言も言葉を発することができずに立ち尽くしてしまいました。

電話の向こうの私の様子がおかしいことを、母はすぐに察したのでしょう。

「今から行くからね」

何も聞かないまま、そう言って、電話を切りました。

当時、東北新幹線は盛岡までしか開通していませんでした。母は十和田から三沢へ私鉄で行き、JRに乗り換えて盛岡まで、そこから新幹線で仙台へと、三時間以上もかけてとるものもとりあえず、すぐに私のもとへ駆けつけてくれました。

久しぶりに見る母の顔。張りつめていた思いがゆるみました。

国道沿いのファミレスで遅い夕食を食べながら、天野さんという人と結婚しようと思っている、一緒にお寺をやろうと考えているんだ、と、私はぽつりぽつりと話しました。

そのときの母の、驚いた目と悲しそうな顔。

親に一言の相談もせずに就職した葬儀社も、勤めてまだ一年にもなりません。そこを辞めて、ついこの間会ったばかりの、十も年上の僧侶と結婚したいと言い出したのです。しかも、これから新しくお寺をつくるという。檀家もいないし収入のあてもないという。

その驚きはいかばかりのものであったかと思います。

いったい天野さんとはどんな人なのか、お寺をつくるとはどういうことなのかと、少しだけ話をしたあと、母は沈痛な面持ちで
「賛成はできない。もう一回よく考えて」
とだけ言い残し、その日のうちにまた青森へ帰っていきました。

三月二十日。

お彼岸の中日に、今度は父と母が私に内緒で仙台別院を訪れました。「娘との結婚は諦めて欲

しい」と夫に直談判に来たのです。この行動に、私は本気で腹を立てました。

今思えば、そうするより他に方法がなかった、切羽詰った両親の気持ちも理解できます。唐突過ぎる話、突拍子もない話ですし、とうてい賛成などしてもらえるはずもないのです。私たちの側が、両親が納得できるように、安心できるように、時間をかけて説明するべきでした。誠意ある努力をするべきでした。

しかし、お寺が成功するかどうかは誰にもわからないのです。檀家が何人集まるか、食べていけるかどうかなんて、蓋を開けてみなければ絶対にわからない賭けなのです。いくら私が「天野さんのつくるお寺は必ず成功する」といったところで何の証明にもなりません。

もしもお寺をつくるなんて言わずに、安定した宗務員のままの彼との結婚だったら？　彼が健常者だったら？　つきあって、もう何年にもなっていたなら？　そうしたら、認めてもらえたのかな……。しかし、「もし」ほど意味のない問いはないのです。

私は「今すぐに」「この天野さんと」「新しいお寺をつくるために」結婚したかったのですから。

若い私には、今まで育ててくれた両親の気持ちを思いやる気持ちが全くありませんでした。どうしてわかってくれないのかと、恨みさえしました。

四月二十一日。

二十四歳になる誕生日の前夜。当時高校生だった弟から電話がかかってきました。

「とにかく一度帰って来て、きちんとみんなの前で説明してよ。このままじゃ父さんも母さんもダメになる。本当に自殺しかねないよ」

すぐに軽自動車を飛ばし、一睡もしないまま家に帰りました。家には両親と祖母が、「何とかして思いとどまらせよう」という厳しい面持ちで待ち構えていました。しかしそんな状態では、もちろん話は平行線のまま。私は、もう誰にも認めてもらわなくたって構わない、勝手に籍を入れさせてもらうと心に決めて、皆を振り切るように仙台に帰りました。

あとで母に聞いた話ですが、父は本当に悲しそうに、

「成人した娘だもの。首に縄を付けて、ひっぱってくるわけにもいかない」とつぶやいていたそうです。

子煩悩な両親。子供たち三人を愛情たっぷり、少し甘やかしすぎなくらいに、のびのびと育て

てくれました。あれをしなさい、これをしてはだめだといわれた記憶がないほど、子供たちの意思や個性を尊重し、何でも好きなことをさせてくれました。

最愛の長女を花嫁姿で送り出す日を、どんなにか心待ちにしていたことでしょう。

それを、こんな形で裏切ることになって。


でも「お父さん、お母さん、ごめん」なんて謝らない。

必ずお寺を成功させる。きっと幸せになって、見てもらうんだ。

車のハンドルを固く握り締めながら、そう決意しました。


誰からも祝福されることなく入籍したのは、その九日後。五月一日のことでした。

深夜〇時の結婚式

結婚前に、夫の母親が北海道から私に会いに来てくれました。

義母もまた、突然の展開に驚きを隠せずにいた様子でしたが、結婚自体に反対ではありませんでした。ただやはり、私の両親の賛同が得られないことを心配していました。

私は義母には正直に、両親には反対され絶縁状態になっていること、しかし結婚したいという気持ちには変わりがないことなどを話しました。

「あなたたちが決めたことなら、私たちは全然反対しないよ。ただ何もそんなに急がなくても、もう少し時間をかけて話し合ったほうがいいんじゃないの」とだけ言われた憶えがあります。時間をかけても説得できる自信がありません、私の気持ちはもう決まっています、結婚させてください、と私は頼みました。

「いつかきっと、分かってもらえる日が来るからね。頑張りなさいよ」

〝新しいお母さん〟はそう言って私を励ましました。

私が四月末日で職場を退職することが決まりましたので、五月一日に婚姻届を出すことにしました。

ある日京都への出張から戻った夫が、小さな包みを私の目の前に広げました。

糸でつながれた数珠の玉と、何色かの紐が出てきました。

「京都の念珠屋さんで買ってきたんだ」と夫は言いました。

「仏前結婚式では、数珠の交換をするんだよ。お互いがこれから使う数珠を、一緒に作って交換しよう」

　私は数珠が自分で作れるものだなんて知りませんでした。

　夫によると、毎日のように使われる僧侶の数珠は傷みが早いので、自分で修理するお坊さんは多いのだそうです。さっそく作り方を教わりました。

　玉に通す紐の先を丁寧にカッターで削り、ノリで固めます。

　数を間違えないように玉を通し、緩まないように力いっぱい締めます。それから、一段、一段、きつく引っ張りながら編んでいくのです。

　京都の数珠卸店からわざわざ買ってきたその玉は、星月菩提樹の実でした。

「石と違って、木の実は使い込めば使い込むほど手の脂が染みていい色になってくるからね。紐が切れたら何度でも編み直して、何年、何十年と使っていこうね」

ときに編み方を間違えてほどいて直しながら、心をこめて数珠を編みました。


披露宴などはせずに入籍だけする予定でしたが、仏前で揃って勤行はしたいという希望はありました。

そこで、結婚式と呼べるほどのものではないのですが、友人僧侶に「司式《しき》（導師のこと）」を頼み、当時のご輪番にお願いして、日付がかわる五月一日の午前零時に本堂を少しだけ使わせていただくことにしました。


二〇〇二年五月一日。午前零時。

お祝い事に使う朱蝋《しゅろう》（赤いろうそく）に火がともりました。本堂の金仏具にきらきらと光が映えています。

紫色の衣に五条袈裟を身につけた夫と、真っ白いドレス姿でその隣に座る私がいました。

ウェディングドレスに数珠と教本なんて、なんとも不釣合い。

それでも私は嬉しくて嬉しくて、自然と顔がほころんでいました。

「敬って阿弥陀如来の尊前に申し上げます……」

司式の僧侶の声が朗々と響きます。

「思いますのに、生をこの世に受けて数多い人の中から長く夫婦のちぎりを結ぶことは、宿世の因縁まことに浅からざるものがあります……」

「常に今日の感激を忘れることなく、如来の大悲を仰ぎ聖人のみ跡を慕い、終生仲むつまじく助け合って……世のため人のためにと報恩感謝の生活をおくるよう切望します」

ひとつひとつの言葉が心に染みわたります。胸がいっぱいになった私は、ため息と共に顔を上げました。

本堂正面には、力強い字で「常照護」と書かれた額が掲げられています。

常照護。

常に、照らし、護る。

仏さまの光は、常にこの私を照らし護ってくださる。

親鸞聖人の「正信偈《しょうしんげ》」の一節からとられたこの三文字が、背中を押してくれる気がしました。

不思議な縁に導かれて、あれよあれよとここに座っている私。

夜が明けたら、区役所へ婚姻届を持って行きます。

この先ふたりにどんなことが待っているのかは、分かりません。

けれどもあの瞬間、私は確かに幸せいっぱいに満たされた、世界で一番幸せな花嫁さんだったのです。

どうやって食べていくの?

ゼロからつくろうとしているお寺に、もちろん檀家さんはいません。

つまりそれは、収入のあてが全くないということを意味していました。

それでも私が全然躊躇しなかったのは
「天野さんのつくるお寺は絶対いいものになる」
「だからすぐに檀家さんも集まるだろう」
「もし経済的に苦しくても構わない。このお寺をやる喜びには代えられない。副業すれば、夫婦ふたり何とか食べていくくらいはできる」

と考えていたからです。

一方夫には、長年お坊さんとして経験を積んだ自信がありました。

「自分ならできる」という、根拠のない、しかし大きな自信です。

「最初数年間は無収入かもしれないけど、そのための貯金もある。お寺の存在が地域に浸透していけば、徐々に檀家さんもつくだろう」

結婚した時点で、夫は三十四歳、私は二十四歳になっていました。

若かったのです。

怖いものは何もありませんでした。

どうにかなる。この日本、何をやったって生きていける。そう思っていました。

「仏道に外れたことさえしなければ、きっと仏様が食べさせてくれるよ」

と言い切る夫を頼もしく見上げたものです。

しかしそんな私たちの行動は、私の両親は言うに及ばず、周囲の人の目にもとんでもない軽挙妄動に映ったようです。

お寺を持たない一般家庭出身の夫にとって、宗務員勤務は先々まで保障された、一番の安定した就職先です。

年功序列で給与も役職も上がり、ボーナスも有給もきちんと取れます。よほどの不祥事がない限り、首にもなりません。

そこを辞めて、海のものとも山のものともわからない「新しいお寺づくり」に乗り出すということ。

夫の両親には、お寺の建物を購入して後戻りできない状況になってから報告しました。

もし自分たちの中で「どうしようか？」という迷いがあったのなら、前もって相談もしたかもしれません。

しかし「もはややるしかない」という状況の中で、反対される、止められることがわかっていてあえて言い出すことはできませんでした。

ただ、肉親や親しい友人のほかに「どうやって食べていくの？」「檀家さんはどうするの？」と口に出して聞く人は多くありませんでした。

今でも思い出すと、胸がちくんと痛む出来事があります。

あるお宅に用事があり、夫婦でおじゃましたときのこと。夫が帰り際に

「今度独立して、新しくお寺をつくろうと思っています」と話しました。

「そうですか、是非頑張ってください」

とその場にいた皆さんが声をかけてくださいました。

おいとまする間際、夫がお手洗いをお借りして、私は玄関で待っていました。そこで聞くともなしに、居間のご家族の会話が耳に入ってきました。

「お寺をつくるって言っても、収入はどうするの」

「えー、聞けなーい」

ははは、と笑い声が上がりました。

頭から冷や水を浴びせられたように、身がすくんで動けなくなりました。

新しくお寺をつくるにあたり、もとの宗派のお寺さんの中には、私たちの行動を真正面から非難する人もいました。糾弾とも取れる仕打ちもありました。

けれどもそんなことは気になりませんでした。

周囲の応援をいただけないのは私たちの不徳ですし、もとよりみんなに応援してもらえるだろうとは、思っていなかったからです。

しかしこの一件は、ある意味面と向かって非難されるよりも、数倍きつく感じました。私たちがしようとしていることは、そんなに向こう見ずなことなのだろうか。笑われるようなことなのだろうか。

やり場のない思いに、ひとり唇を噛みました。

コラム

お寺の収入はどこから？

お寺の収入はどこから得られるのか？　これはみなさん、なんとなく想像がつきますね。はい、檀家さんからの寄付金が主な収入源です。「檀家」とは、インドの「ダーナ」、布施するという言葉が語源となっています。つまり檀家さんという言葉には、お布施をしてお寺を支える人という意味があります。お葬式、ご法事の際にご家族からいただく「お布施」のほか、一年ごとに「護持費」などの名目で檀家一軒当たりいくらと年会費を集めているお寺もあります。また、建て替えや各種工事の際には別途寄付金を募る場合が多いようです。

お寺によっては幼稚園や保育園を経営していたり、各種教室や宿坊を開いているところもあります。また墓地運営も大きな事業です。

ここまでは「お寺」の収入の話。お坊さん個人は、宗教法人であるお寺から毎月のお給料をもらっています。つまり、法人であるお寺に雇用されている従業員なのです。お寺の収入＝お坊さんの懐に入るお金、ではありませんよ。

よく「お寺には税金がかからないから、坊主丸儲け」などという人もいますが、それは間違いです。お寺の公益事業に対する税金はかかりません。法人税、固定資産税、不動産取得税、相続税等が免除されます。しかし、お坊さん個人の収入にはしっかり所得税がかかりますし、「収益事業」といって不特定多数の人を対象とした営利事業にはしっかり課税されます。

「でも、どうしてお寺は優遇されるの？」

それはもちろん、信者である檀家さんのためです。

「みなさんが大事にしているお寺がずっと存続するために」という計らいです。

僧侶や住職家族が優遇されているわけではありません。

「檀家さんが少ないお寺はどうしているの？」

檀家さんが大勢いて、お手伝いの僧侶や事務員さんを雇わなくてはならないお寺もある一方で、お寺の収入だけでは少ないため、兼業しているお坊さんもたくさんいます。平日は他の職業について、週末は実家のお寺で法務をなさる方。自分のお寺を持ちながらも、ほかのお寺のお手伝いを主なお仕事としている方。全国各地を回って布教するお仕事をメインにしている方もいます。

みんなの寺は、当初檀家さんがゼロでした。

つまり、収入のあてが全くありませんでした……。数年間は無収入でも食べていける貯金は残したものの、檀家さんがつかなくてはあっという間に尽きてしまいます。

私たちの理想「いつでも誰でも訪ねてくれるお寺」にするためには、なるべく日中はお寺にいたいと思いましたので「いざとなったら夜働こうね」と話し合っていました。

実際にはお寺を開いてすぐ近所の子供たち相手に塾を開き、それで月五〜七万円の固定収入を得ましたし、法務の依頼も次々と入りました。それで結果として最初からお寺専業でやっていく軌道に乗れましたので、非常にラッキーでした。

ちなみに私がミャンマーに行く旅費は、外でアルバイトして稼ぎました。スーパーの試食販売に、工場にさくらんぼ畑、いろいろやりましたよ。

コラム

第四章
今日からここがみんなの寺」

インターネットでお寺の名前も公募

お寺作りの第一歩として始めたのが、ホームページを作ることでした。

もちろんお寺はまだ存在していません。お寺を始める時期も場所も、お寺の名前も何もかも未定です。

それでも私は、何よりもまず先にホームページ作成が急務だと考えていました。

自分が過去に仏教について知りたい、お寺に関する情報が欲しいと切に願っていた時期に、お寺のホームページが少なく実にもどかしく寂しかったからです。

仏教って何？

お寺にはどんな人が住んでいるのかな？　毎日どんなことをして過ごしているのかな？

お寺に遊びに行ってもいいのかな？　私の質問に答えてくれるのかな？

このような疑問に答えてくれる窓口として、それぞれのお寺がホームページで情報発信してくれていたらどんなにか助かるのに。そう考えていました。

そんな「一昔前の私」はきっとたくさんいるはず。そのために、何はなくとも、まずはホームページです。


結婚後引っ越したアパートの一室で、ノートパソコンをネットに接続。全くの素人ですが、ホームページ作成ソフトを使い手探りで作っていきました。

「これからお寺をつくろうとしているふたりのホームページです」

ふたりのプロフィールや夫の旅の写真など、思いつくものをいろいろ載せ始めました。

コンテンツのひとつとして作ったのが「絵日記」です。

決して上手ではありませんが、もともと絵を描くのが好きだった私。ウィンドウズに無料で入っている「ペイント」というソフトを使って、ふたりの日常の出来事をひとコマ漫画にして掲載しました。

当時の私はまだ寺嫁ですらなく「お寺に勤めるお坊さんの奥さん」だったのですが、そのような立場の女性の日記が珍しかったのか、徐々に読者が増えていきました。

最初は友人知人がぽつりぽつり見てくれる程度でしたが、すぐに一日百人程度のアクセス数になり、別の宗派のお坊さんや、普段お寺とは全く縁のない若い女性の方も集まるようになりました。掲示板で「絵日記面白いです」「更新楽しみにしています」「お寺づくり頑張ってください」とメッセージをいただくと、大変励みになりました。

ホームページでは教義や仏事の解説ではなく「私たちはこんな人間です」「こんなことを考えています」という一点を伝えたいと考えました。そのコンセプトは今でも変わりません。

「いつでも誰でも自由に足を運べるお寺をつくりたいです」

「みんなが集まって仏教を学んだり、気軽に悩みを相談できるみんなのためのお寺にしたいです」

そんな私たちの思いに賛同し、応援のメッセージを送ってくださる方が増えていきました。ホームページを見て、市内はもちろん東京などの遠方から訪ねてくださる方も現れました。

ホームページ開設からわずか一ヵ月後。お寺の建物を購入し引っ越すことになるのですが、その直前にお寺の名前をホームページで公募しました。

公募といえるほど大げさなものではありません。

「お寺の名前に、何かいいアイデアはありませんか」と意見を求めたのです。

ある女性の方が
「みんなのためのお寺なら、そのまんま『みんなの寺』にしてはどうですか」
と提案してくださいました。
当初はもちろん漢字二文字の寺号をいろいろ考えていた私たちですが、この一言を目にした夫は、もうこの名前しかない、とピンときたようでした。

こうしてお寺の名前は「みんなの寺」と決定しました。

インパクトがあって憶えやすいということで、よくお褒めをいただきます。

ただし、

「本当の名前は何ですか?」

と聞かれることも多いです……。

お寺の物件探し

さて、どこにお寺をつくろうか？

私たちは当初、お寺をつくるなら仙台市泉区かその北隣の富谷町がよいと考えていました。三、四十年前から新しい団地が続々と造成され、人口が増え続けている地域。菩提寺をお持ちでない方の割合も高く、それに対して既存のお寺の数は多くありません。市内中心部に比べ不動産価格も手ごろです。

希望は、中古の一軒家を購入すること。

お寺という性質上、賃貸物件を探すのは困難です。しかし初期投資はなるべく抑えるに越したことはありません。

古くてもボロでも構わないので、本堂にする部屋と私たちの暮らす部屋、二部屋は欲しい。駐車場も二台分は必要。それだけが条件でした。

物件探しは、なんと一日で終わりました。

ある日ふらりと訪れた不動産屋さんで、その日のうちに現在のお寺の建物と出会えたからです。

仙台市泉区北中山。三十年前に開発された新興住宅地の一角。店舗や事務所が軒を並べるメインのバス通り沿いにその建物はありました。

バス停の目の前に建つその物件は、大きな三角屋根に白い外壁。南向きの壁いっぱいに並んだ格子窓は、お寺というより教会を思わせる可愛い造りでした。聞けばもとは左官屋さんの事務所付き住宅だったそうです。

十二畳の事務所部分のほか、住居部分が4LDKの二階建て。六畳と八畳の和室の続き間があるのも気に入りました。

駐車場も詰めれば五、六台は停められそうです。

「ここにしよう！」

即断したのは夫でした。

私もすぐに同意し、その日のうちに購入を決めました。

今思えばもう少し慎重に検討しても良かったのかもしれませんが、予想以上に魅力的な物件が手の届く価格だったこともあり、ふたりとも「ここがいい」と惚れ込んでしまったのです。

ローンの審査を経て契約。すぐに改装工事に取り掛かりました。

まずはドアを開けてすぐの事務所部分に本堂を作ります。といっても壁紙を替え、床にタイルカーペットを敷き、天井にダウンライトを設置する程度の簡単な改装です。太陽光のさんさんと入る明るい本堂にふさわしく、カーペットはピンク色を選びました。

また本堂といっても、普通のお寺にあるような立派な宮殿《くうでん》や厨子《ずし》は予算の関係上作れません。正面に木製の大きな前机《まえじょく》を置き、そこに香炉、ろうそく立て、花瓶といった仏具を並べました。仏具は友人のお寺から譲っていただいたお古です。真鍮磨きでごしごし磨くと、ぴかぴかの金色に生まれ変わりました。

その後、仏具は檀信徒さんからのご寄付で徐々に揃っていきました。経机、キン、花瓶、小型のろうそく立てやりん、その台座など。現在使用しているほとんどの仏具がご寄付いただいたものです。ですから最初の本堂は実に寂しいというか、シンプルそのものでした（今でもあっさりした飾り付けですが）。

皆さんが座りやすいように、和室用の椅子を購入。スペースいっぱい並べて二十五脚入りました。それにあわせて、ご参拝の方と一緒に勤行ができるように、お経の本も二十五冊用意しました。

肝心のご本尊は夫自ら揮毫《きごう》しました。

「南無阿弥陀仏」の六字名号です。

これからずっと手を合わせるご本尊。納得がいくまで何度も書き直し、表具しました。

屋外に「みんなの寺」の看板を設置。こうしてお寺が完成しました。

もちろんお寺づくりの様子も逐一写真に撮り、ホームページに掲載しました。大きな反響がありました。


アパートから引っ越してきたのは八月のことでした。

友人にトラックを運転してもらい、荷物を降ろし終えるとすでに夜。なんだかんだで和室二間いっぱいになった荷物の荷解きは明日にしようと決め、その日は床に就きました。

しかし翌朝起きてみると、どんな魔法が起こったのか、荷物はきれいさっぱり整理され、すっかり片付いているではありませんか。

疲れているはずの夫が、まだ暗いうちに目が覚めてしまい、ひとりで精力的に片付けたらしいのです。よほど張り切っていたのでしょうか。

何もなくなった和室には、唯一私たちが奮発して買った、直径一・五メートルの一枚板の丸テーブルが搬入されました。

上座も下座もなく、みんなが丸くなって集まれるように。そう願って買ったとっておきの丸テーブルです。

「ここが今日から〝みんなの寺〟になるんだね」

テーブルを撫で回しながら、ふたりで部屋を眺めました。

今は私と夫のたったふたりしかいないけれど、これからたくさんの人にこのテーブルでお茶を飲んでいただくんだ。

すがすがしい気持ちで、一緒に遅い朝食をとりました。

お坊さんの免許を捨てる

「ふたりで新しくお寺をつくる」という意思は確定していたものの、細かい点は全く未定のままホームページを見切り発進した私たち。

本来は事務的手続き上、何より先に考えなくてはならなかったのは「どのような形態のお寺にするのか」ということでした。

第一章でも説明したとおり、お寺には〝包括寺院〟と〝単立寺院〟があります。私たちの場合、浄土真宗本願寺派のお寺になるのか、宗派を離れて単立のお寺になるのか、その二つの選択肢がありました。

しかし実のところ、私たちには「絶対にこっちがいい」という希望はありませんでした。誤解を恐れず言うなら、どちらでも良かったのです。

宗派に所属する・しないという事よりも、どんなお寺づくりをしたいか、お寺をつくったらどんな活動をするかということばかりが優先して頭の中にありました。そのため包括寺院として認可されるための条件などを調べだしたのはだいぶ後になってからのことでした。

浄土真宗本願寺派では「都市開教」といって関東圏に新しいお寺をつくることを推奨しており、そのためのバックアップに注力しています。新住職候補の人には一定の条件が求められ選考試験もありますが、研修プログラムや設立資金の融資など、さまざまな後援を受けられます。最初はお寺ではなく布教所《ふきょうじょ》からのスタートで、実績を認められるとお寺に昇格します。

その都市開教の対象地域外であるここ宮城でも、本山の手厚い後援はないにしろ、新しく布教所を作れないということはありません。実際に塩釜市には、布教所からスタートした新しいお寺が一ヶ寺あります。

ただ、新しい布教所を建てるためには、浄土真宗本願寺派宮城組《みやぎそ》全二十五ヶ寺の承認の印鑑が必要でした。

私たちにとって、この条件が最大のネックでした。新しいお寺ができるということ。それは既存のお寺さんにとって必ずしも歓迎されることとは限りません。

だからこそ本当にそれを実現したいなら、慎重に根回しをするなり、発言力のある協力者を探すなりすれば良かったのですが、浅はかな私たちはお気楽に「新しいお寺をつくりたいんです～」と公言して回っていたのです。

またこれは私の至らなかった所ですが、当時の私は「今までのお寺はこういうところが良くない。だから直していかなくては」というメッセージを強く発信していました。それを読んで「自分のことを非難している」と不快に思ったお寺さんもあったようで、簡単に敵をつくってしまいました。

反対するお寺がひとつでもあれば、その時点で他のお寺の意向を聞くまでもなく、布教所開設は不可能になります。


そこで自然に「単立寺院でいこう」という答えが導き出されました。なんとかして全ヶ寺の印鑑を集める方法を探そうとは思いませんでした。

宗派の中に残って争う利益はひとつもない。それよりも、早くお寺づくりを始めたい。その一心でした。

しかしそれは、浄土真宗の僧籍を棄てる、還俗《げんぞく》するということを意味していました。

僧侶の資格というのは、その宗派の中でのみ通用するものです。

ですからどの宗派にも所属しない単立寺院を作る以上、必要のないもの、むしろ持っていてはいけないものなのですが、夫が十四年間僧侶として積み重ねてきた確かな証でもあります。

夫の答えは明確でした。

浄土真宗の僧侶ではなくなるけれども、僧侶でなくなるわけではない。自分は生涯、仏に帰依した仏弟子であることに変わりはないのだから。

「紙切れ一枚だよ」
そう言った夫は、私の目の前で度牒《どちょう》（お坊さんの免許）を音を立ててまっぷたつに破りました。四つに。さらに八つに。
その潔さに、私のほうが驚かされました。

夫は仙台別院での最後の大仕事、「世界仏教婦人大会」引率のためのブラジル出張を控えていました。その出張を終えた十月二十四日に本願寺仙台別院を退職し、同時に還俗することが決まりました。

実は、私自身も浄土真宗で得度するべく準備をしていました。得度考査と呼ばれるペーパーテストに合格し、輪番の面接を経て、所属寺となってくださる大阪のお寺にご挨拶に行きました。必要な衣や道具を一式揃え、別院で読経などの作法も習い、所定のお経も暗記して、あとは京都の十一日間の習礼《しゅらい》（研修）に行くばかりだったのですが、当然それも直前にキャンセルとなりました。

もし浄土真宗で得度していたとしてもすぐに還俗する羽目になっていたのですが、めったにできない経験をするチャンスだったのになーと考えると、やはりちょっぴり惜しい気もします。

「私たち、怪しいものじゃありません」

ピンポーン。

引っ越して数日後のことです。不意の来客に玄関に出てみると、見知らぬ初老の男性が立っていました。

「北中山町内会のものですが……」

言葉を選ぶかのように、男性は慎重に言葉を続けました。

いわく、

ここに宗教施設ができると聞いた。どのような団体なのか、何らかの形で地域の人に知らせて欲しい。全く情報が伝わらないと「怪しい新興宗教では」と心配する人が出てくると思う。

「不特定多数の人が出入りすることで、不安に思う人もいるかもしれないので、お願いします」

目からうろこが落ちる思いでした。

そうか、新しい宗教施設というのは「怪しい」ものなんだ！

その中にどっぷり漬かっていた私たちには、まるっきり欠けていた発想でした。

確かに、どんな団体なのかがわからなければ不安に感じられるのも当然です。たくさんの人に来て欲しいと願う以上は、地域の方にもお寺のことを知っていただく必要があります。ホームページだけでは不十分です。


わざわざ言いにくいことを伝えてくださったことに感謝し、私たちは早速ビラを作成しました。

「北中山に新しいお寺ができます」

ふたりの似顔絵とプロフィールを筆頭に宣伝文句をつづり、ピンクの紙に印刷しました。

「いつでも誰でも自由に遊びに来られる、小さなみんなのお寺です。アポなし遠慮なし手土産なしで、ぜひぜひお茶のみにお越しください！」


夫は日中出勤し不在になりますので、その間私は留守番をしている必要があります。ですから出来上がったビラは早朝まだ暗いうちに配ることにしました。

地図のコピーを片手に一軒一軒ポスティングです。

似たような大きさの一戸建てが延々と屋根を並べる新興住宅地。一日百部ずつ程度は配れるも

の の、とても一朝一夕には終わりません。

毎朝続けました。北中山町内が終わると、近隣の住宅地にも範囲を広げました。夕方に配ることもありました。

北中山を含む、ここ「いずみ中山地区」に突然引っ越してきた私たち。知り合いひとりおらず地域にも明るくなかったのですが、この連日のポスティングのおかげで徐々に土地勘も養われました。

あっ、ここにこんなお店がある。へー、あの道路はここにつながっていたんだ。だんだん楽しくなってきました。

庭に出ている人に話しかけられることもありました。
「お寺のチラシを配って歩くなんて、熱心な檀家さんですね」と言われた夫、
「私が住職なんです」と答え、驚かれたそうです。

ほどなく、町内に商店会があることを知りました。入会を希望したら大歓迎されました。
新興住宅地である北中山の住民は、みんな県内外から新しく入ってきた人たちです。そのせい

か、よそ者ゆえに不安視されるというデメリットは全くありませんでした。これは非常にありがたいことでした。

その後も地域の運動会や夏祭り、おやじの会など、事あるごとに積極的に混ぜていただくようにしました。それで次第に「みんなの寺のがりょうさん」と、顔と名前が知られるようになりました。

寺子屋塾スタート！

仙台別院では、同じ敷地内に幼稚園を経営していました。その幼稚園のホームページを作っていたウェブデザイナーさんが、なんと偶然にも北中山に住んでいらしたのです。

その方がお寺のチラシをご覧になり、私のプロフィールを知ると「良かったら、うちの息子に勉強を教えてくれませんか」と中学二年生の男の子を連れて来られました。

家庭教師の経験はありませんでしたので少し戸惑いはありましたが、せっかくのお申し出なのでお引き受けすることにしました。

すると、その子のお友達も一緒に教えて欲しいと頼まれ、ふたり同時に教えることになりました。

今度はその話を聞いた別のお友達が「自分も」「自分も」と加わり、なんと最終的には男の子ばかり五人も集まったのです。

のちに他学区の門徒さんのお嬢さんふたりも加わり、最大で七人になったこの塾は、いつからともなく「寺子屋」と呼ばれ始めました。

週五日、毎晩八時から十時まで。夫とふたりで全五科目を教えました。

目標は高度な受験勉強ではなく、日々の授業の予習復習。勉強の習慣をつけながら、わからない点、苦手な点を解消することでした。もちろん学校の宿題も見ました。

なにせ「今学校でどこをやっているの？」と聞い

ても「わかりません」と答が返ってくるようなつわもの揃い。学校に教科書一式置きっぱなしにしている子もいます。

勉強中も隙あらば遊ぼうとするので、なだめすかしつつ時にはガツンと怒りつつ、プリントを自作したり一緒にドリルを買いに行ったり、いろいろ工夫しました。

お寺を気に入ってくれたらしいこの塾生たちが
「俺、お寺で勉強教わってるんだよ！」「今度一緒にお菓子食べに行こう」
と学校で話すようになりました。
それを聞いた子たちも
「えー、子供が遊びに行ってもいいお寺なの？」と大喜び。

塾生たちは勉強のある日だけでなく、折に触れいろんな友達を連れてしょっちゅう遊びに来るようになりました。

中学二年生のやんちゃ盛り。部屋の中をドタバタ走り回り、お菓子も遠慮なくパクパク、放って置くと格闘技ごっこが始まります。

年末にはお餅つき、お正月には半紙を広げて書初め。行事の準備や片付けもたくさん手伝ってもらいました。

お寺の中が急ににぎやかになりました。

次第に、学校の先生や近所のお母さんたちの間でも

「みんなの寺？　ああ、〇〇くんが勉強を教わっているところね」

「うちの子も一度遊びに行ったことがあるみたいよ」と噂が広まり始めました。

子供が出入りするところは安心なところ、という認識が知らず知らずよいイメージを作ってくれたようです。これは思わぬ副産物でした。

コラム

お寺の仕事って何？

お釈迦様の時代、お寺というのは出家した人たちが生活する場所でした。そこに暮らし修行しながら、托鉢に出かけるなどして在家の人のためにも法を説いていました。

現代日本では、お寺と一口に言っても、さまざまな種類があります。地域のお寺を取りまとめ管理するお役所のようなお寺もありますし、出家した人たちの修行道場や、檀家さんを持たず祈祷や観光に特化したお寺もあります。

しかし、ここではみなさんが想像するような、町のふつーのお寺、和尚さんがいて、その家族がいて、檀家さんがいて……という一般的なお寺の仕事についてお話します。

さてお寺の仕事とは何でしょうか。お経を読むこと？　お説教すること？　みんなの悩みを聞くこと？　どれも正解です。

宗教法人法では、「宗教の教義をひろめ、儀式行事を行い、及び信者を教化育成することを主たる目的とする団体」と定義しています。漢字が多くて、なにやら難しいですね。つまりは信者さんたちに仏教を広めることが主なお仕事。そのために儀式行事を開催してください、というのです。

まだ、あいまいかもしれませんね。具体的には、お葬式。年回忌法要。納骨や入仏・遷仏、月忌参りなどのいわゆる「お参り」が主な仕事になります。それから、春秋のお彼岸やお盆、花祭りや涅槃会などの年間行事。毎月の法話会や座禅会、御詠歌会を開催しているお寺もあります最近では若い人に足を運んでもらおうと、コンサートや落語会を開催したり、カフェやサロンを始めるなど工夫するお寺も多く見られます。

「じゃあ、何をやってもいいってこと？」

そうです。仏教を布教するという目的に反しない限り、みんなの迷惑にならない限り、基本的に何をやっても構いません。お寺でフラダンスを教えても、檀家さん集めてインド巡礼ツアーを組んでもいいのです。

「宗教法人は、その目的に反しない限り、公益事業以外の事業を行うことができる」とも定められています。

公益事業で認められている事業には、幼稚園・各種学校、図書館、博物館、保育所・児童厚生施設、母子福祉施設、老人福祉センター、霊園などがあります。

公益事業に対して、「収益事業」があります。たとえば、物品販売や旅館業、駐車場経営、月謝を頂く各種教室などです。それらの収益事業をするのは構いませんが、その収益は本来のお寺活動のために使われなければなりませんし、しっかり課税もされます。

メインとなるお寺の仕事は、もちろん仏教を広めること。ただし、そのための手段はそれぞれのお寺に任されています。社会福祉事業を行っているお寺や、ユニークな行事を行っているお寺ばかりが注目を浴びる昨今。毎日朝から晩まで月参り、訪ねた先のおばあちゃんの愚痴や世間話に耳を傾ける和尚さんも、尊い布教活動をしているんですよ。

みんなの寺は新しいお寺ですが、新しいことをしているお寺ではありません。依頼を受けて仏事を勤め、お寺に来る方にはお茶を入れておもてなしして……という毎日です。ただ、その敷居はうんと下げよう。いつでも誰にたいしても区別なく、できる限りあたたかくお迎えしようと心がけています。

コラム

第五章「寄付金・年会費ゼロのお寺に」

マスコミ取材で「お寺」になる

お寺開山の日が（二〇〇二年）十月二十五日に決まり、その日は寺子屋の塾生やその兄弟、私達の友人知人を招いてささやかな法要を行うことにしました。

開山法要に向けて私がとった行動。それは思いつく限りの地元のマスコミにＰＲすることでした。

「新しいお寺ができます。「みんなの寺」という名前の一風変わったお寺です。ぜひ取材に来てください」

こんな体当たりメールを手当たり次第に送りました。ダメでもともと。どこかが取り上げてくれればラッキー。そう思っていました。

ところが、若い夫婦が新しいお寺を作るというニュースがよほど珍しいものだったのでしょうか。予想以上の反応が返ってきました。

まず、全国紙の宮城県版に『気軽に集える「寺」作り挑む』『中古住宅を改装した「みんなの寺」を開く天野雅亮さん』という紹介記事を開山前日に掲載していただきました。これを見て開山法要に足を運んでくださったご近所さんもいました。

また、地元テレビ局二社から開山法要の様子を取材したいと申し入れがありました。どちらも地域ニュースのコーナーで三分ほどの放映でしたが、スタッフさんたちは当日の朝からやってきてお寺の周囲を撮ったり、夫にインタビューしたり、ずいぶん時間をかけて取材してくださいました。もちろん開山法要の読経、法話の様子や、その後の会食の様子も映りました。

法要では参加者全員でお経の本を持ち、声を合わせて読経しました。

そして住職の法話。お釈迦様は「この世は苦である」と見て、苦を越える道を見出そうと出家したわけですが、その「苦」とはそもそも何なのかというお話をしました。現在に至るまで、夫が初めてのお参り先で必ずする法話のひとつです。

その後は和室に移動し、たすきがけの法衣のまま私達の手料理をふるまいました。

メインは、夫が朝から煮込んだ自慢のおでん。そのほか、私がいなり寿司やサラダなどを作りました。

二十人強の参加者の大半は小中学生でしたので、ジュースを開けてわいわいがやがや、ホームパーティーのようでした。

その日もう一社、地元紙の河北新報の記者の方が取材に来ていました。

半月後の夕刊で、紙面三分の二ものスペースで大きく報道されました。

『夫婦で挑戦　新たな仏道』『原点は「気軽に集う心のよりどころ」』

法話をする夫、テーブルを囲んで談笑するみんなの様子、そしてパソコンを操る私、お寺の外観写真などが載りました。

夫がどのような経緯で新しいお寺づくりに挑んだのか、今後どんなお寺にしたいと願っているのか、たっぷり紙面を使って仔細に伝えてくださいました。

この記事は非常に大きな反響があり、問い合わせや応援の電話が後を絶ちませんでした。「新聞見ました」と訪ねてくださる方も続々現れました。

また何年も後になって、

「いつか何かあったらこのお寺に頼むつもりでした」と記事の切抜きを手に来てくださる方も複数いらして、これが新聞というメディアの特色なのかと驚きました。

そのほか寺院専門誌やフリーペーパー、地元の経済誌や観光情報誌など、色々なメディアに大小さまざまな形で掲載していただきました。

「若い夫婦が中古住宅を改装してお寺づくりを始めた」ことに対し、ほとんどは好意的な取り上げ方をしてくださいました。

どんな形であれ、私たちがここに「みんなの寺」という名前のお寺をつくったことを宣伝していただけるのは非常にありがたいことでした。

何がありがたいのか？

新しい「お寺」ができた、と公言してくださったことです。

任意団体というより、実質私たちふたりだけの「みんなの寺」。まだ宗教法人でもない上に、この外観にこの名称。

そして新しくできたということから、周囲の人に「えー、本当にお寺なの？」と不審に思われて当然です。

そこをメディアが堂々と『新しい「お寺」ができました』『若い「僧侶」夫妻が独立して開山』

と明言してくださったおかげで、「みんなの寺はお寺である」という大前提が一気に出来上がったのです。包括寺院ならいざしらず、単立寺院を新規につくるときの最初にして最大のハードルを、軽々と乗り越えることができました。これほどラッキーなことはありません。

また、新聞やテレビの情報を元に「話が聞きたい」「一度会いたい」と来てくださる方は、「みんなの寺」がどのようなお寺なのか、私たちがどんな人間なのかについてあらかじめ情報を持っています。

その上少なからずコンセプトに共感してくださった上で足を運んでくださっていますので「そもそも私たちは……」と一から説明する必要がなく、それはとてもありがたく思いました。

太白区に住むCさんは、テレビでみんなの寺のことを知ったお一人でした。

すぐにご家族揃ってお寺にお越しになり「檀家になります」とのお申し出。記念すべき檀家第一号でした。

その年の内に葬儀の依頼が三件。月忌参り《がっきまい》り（月命日《つきめいにち》に僧侶にお参りしてもらうこと）や、納骨・年回忌法要の依頼も徐々に入り始めました。電話での問い合わせも増え、悩み相談の来客も目立つようになりました。

ある日の夕方、お寺の入り口の前に若い女の子が立っていて「今晩泊めてください」と突然言われたときは驚きました。彼女は埼玉から「悩みを聞いて欲しい」と訪ねてきたのです。

気がつけばお寺を留守にできなくなっており、毎日の生活はお寺の暮らしそのものになっていました。

寄付金・年会費ゼロのお寺に

檀家さんを集めるにあたり、決めていたことがふたつあります。

ひとつは、お布施の額は施主さんのお気持ちにお任せすること。

もうひとつは、寄付金・年会費をいただかないことでした。

まず、お布施を完全に自由意志でいただくということ。

葬儀一式はいくら、法名をつけていくら、法事一件いくら、などと金額を指定しないということです。

そもそもお布施というのは、僧侶への読経料でも御礼でもなく、施主さんが功徳を積む善行。修行の一種でもあります。

ですからお寺の側で料金表を見せて「この額をください」、逆に「これだけで結構です」という性質のものではありません。

また法名は仏教徒であれば受けるに値するものですから、ご希望の方にお付けして、法名料という名目ではいただかないと決めました。

もちろん、今の日本の現状ではお布施がすっかり「代価」のようになっています。

「お気持ちで頂戴しています」と言っても、

「はっきり言ってくれたほうが助かります」

「それで、結局おいくらですか」と返され、くじけそうになることもしばしばです。

けれどもそこで私たちが「では、この額でお願いします」と口に出してしまうと、結局のところお布施は単なる料金になってしまいます。

それはしたくありません。

「お気持ち」と言う言葉を聞いて、「試されているのではないか」「そうは言っても相場と言うものがあるだろう」と感じる方もいて、ご親戚や葬儀社さんに尋ねる方も多いです。

しかしそうなると、どうしても相場（この言い方は好きではありませんが）より多めの額をアドバイスされるでしょう。お布施は人と比較するものではありません。

実際にみんなの寺では、お布施の額は施主さんによってバラバラです。同じ内容の法事で十倍以上の開きになることもあります。もちろんお布施の額によってお経の長さや法事の内容が変わることはありません。

「高いお布施を支払った」「何十万も取られた」という言葉を聞くたび悲しくなります。怒りや物惜しみの気持ちがあれば、せっかくの善行も台無しです。

私自身も自分が尊敬する僧侶や、いつも学びを与えてくれる仏教団体にお布施をします。本来お布施は、心晴れ晴れ、欲や怒りの心を離れて行うことが肝要で、そのためにも仏様へのご供養として自分自身が気持ちよく包める額であることが大切です。

またもうひとつ、年会費・寄付金のないお寺にしたいということ。

現在ほとんどのお寺では「護持費」などの名目で檀家さんから年会費を集めています。それ自体が問題になることは少ないと思います。

一筋縄でいかないのはお寺の建替え・改築・新規土地取得などに際して募られる高額な寄付金です。

みんなの寺ではタウンページに「仏事に関することなんでもご相談ください」と載せているためか、よそのお寺の檀家さんからのご相談もよくお受けします。

その中でやはり一番多く耳にするトラブルは、お金が絡むことです。

「本堂を建て替えるからと、突然数十万の請求書が来た。とても払えない」「必ず払う義務があるのか」というものが大半。

仙台市内のお寺の檀家さんたちが、寄付金の支払い義務をめぐり裁判を起こした事例もあります（のちに和解）。

お寺を支えるのはもちろん檀家さんの役目です。なぜなら、お寺は檀家さんのものだからです。その檀家さんの思いを反映させるために檀家総代さんがいて、意思決定をするための役員会があるのですが、そこで下された決定は必ずしも檀家さん全員の気持ちとは合致しません。どうしてもひとりひとり考え方や経済状況は異なりますから、温度差は生じて当然です。

ですから
「まだ建て替える必要はない」

「どうしてこの業者なのか。もっと安く施工できるところがあるのでは」

「庫裏（住職家族の住居）の建築費用は檀家ではなく、住職が負担するべきだ」

と考える人ももちろんいるでしょう。

「そもそも自分は檀家になった憶えはない」「最近檀家になったばかりで、いきなりこんな寄付金を請求されるなんて」「経済的に払えない」「払いたくない」

といった個別の事情もあるでしょう。

あくまでも「寄付」ですから支払いは強制ではないとはいえ、振込用紙が送られてくれば黙って無視しづらいのも人情です。

「昨年家族が亡くなり、葬儀屋さんの紹介でお寺を紹介してもらい葬儀をした。そうしたら今年、多額の寄付金を請求された。葬儀だけを頼んだのであって、檀家になったつもりはないので困惑している」という相談も多いです。これは葬儀社さん、お寺、施主さんの三者間での説明不足や行き違いがあったためです。

全ての檀家さんに気持ちよくご同意いただいた上で目標額を集めるのは、至難の業といえます。

また寄付金集めをしようとすれば、それにかかる手間ひまもばかになりません。この方は納入済み、この方は未納だから請求しなくちゃ、この方は分割払い、あっ、今月納入遅れている……などという確認作業ひとつとっても少なくない時間と労力がかかります。ですから、寄付金が原因の軋轢を生じさせないためにも、私たち自身の労力を省くためにも、「一軒いくら」という一律の寄付金請求はしないことにしました。

日常みなさんからいただいたお布施の中から、特別会計でコツコツ積み立てて、大きな出費の際にはそこから拠出しようと決めました。

幸い私たちのお寺はコンパクト。大きな伽藍や広い敷地を持つお寺に比べ、ランニングコストは少なくて済みます。

お気持ちのある方からはあるなりに、経済的に苦しいご事情がある方からはお心のままに。そうしてありがたくお預かりしたお布施でうまくやりくりすれば、「年会費寄付金なし」は十分に可能だと考えました。

この考えに大きく反応し、

『お寺も価格破壊の時代』『経済的に維持できるのか?』という切り口から記事を書いた雑誌も

ありました。

しかし私たちは別に「お経の安売り」をしているわけではありません。この額では多いから、とお返しすることもありません。お包み頂いた額そのままをありがたく頂戴しています。

僧侶がお布施を「ありがとうございます」ではなく「お預かりします」と受け取るのは「このお金は自分がもらうのではありません、お寺と仏教のために必ずお役立てします」という意味からです。

どうか施主さんには「仏様へのご供養に」「仏法が広まりますように」との気持ちでお布施していただき、気持ちよく仏事を勤めて欲しいと、切に願っています。

また私たちもその思いを決して裏切らないよう、お布施を受けるに値する生き方を心がけていきます。

コラム

みんなの寺設立にかかったお金は？

「親の土地があったの？」「親から援助してもらったの？」「本山の融資は受けたの？」……もしそうだったら、どんなに良かったか――！

お寺設立に、どれくらいのお金がかかったのか？　そのお金をどうやって捻出したのか？

赤裸々なお財布事情をさらすようでお恥ずかしいですが、他の方のご参考になれば幸いと思い、書きます。

お寺立ち上げ時に最も大きな買い物だったのが、もちろんハード、お寺の建物でした。私達は最初から賃貸ではなく購入を希望していました。賃貸物件で宗教活動を認めてくれる大家さんを探すのは難しいでしょうし、先方の都合で移転を余儀なくされるのも嫌だったからです。予算の都合上、中古物件を購入しリフォームすることにしました。

購入したのは二三五〇万円の中古住宅。諸費用合わせて二五五〇万円でした。頭金として最初に払ったのは八百万で、銀行から一七五〇万円を借り入れました。

また、内部のリフォーム工事費用に五十万円ちょうど。備品購入には百万円ほどかかりました。

お寺本堂の標準的な仏具や飾りを一から用意するのにどれだけの額がかかるものか、私にはわかりません。みんなの寺のご本尊は夫の手書き。本堂も前机だけが置かれた本当にシンプルなつくりにしました。また仏具のほとんどは、檀家さんや友人から譲っていただいたものです。家庭で使われていて不要になった経机、ろうそく立て、花瓶、お経本。さまざまなものが、徐々に揃いました。今見渡してみても、自分達で購入したものが見当たらないくらいです。

それでもパソコンなどの電化製品をはじめ、机や座布団、茶器や看板など、こまごましたものにお金がかかりました。

記録に残された「開山経費（内装工事と備品購入）」は「一、四七八、九九七円」です。ローン頭金とお寺の準備費用を合計すると、ざっくり一千万円です。

さて、そのお金はどうやって用意したのかと言いますと……。オール自己資金。というより、夫の努力の賜物です。

うちの夫は、何度も言いますがお寺の生まれではありません。お坊さんになり京都のお寺で勤め始めた二十一歳の当時、世はバブル全盛期。しかし彼の初任給は手取り一〇万ちょっとでした。

それでも夫には「いつか自分のお寺を」という夢がありました。幸いお寺に住んでいて家賃も光熱費もかかりません。無駄使いせず節約に励む一方で、門徒さんのお子さんの家庭教師もしました。

それでコツコツコツコツ貯金して、私と出会ったときには、三十三歳で開業資金として一千万円を用意していました。そのほかに個人の貯金や養老保険などを合わせて、数百万円の資産がありました。本当に立派です。それで、お寺の建物を購入するときにはまだ本山職員としての籍がありましたので、十四年の勤務実績でローンの審査が通りました。もちろん辞めて無職になっていたら借りられませんでした。

ローンは三十年ローン。月々の返済額は五万円、ボーナス払いなしに設定しました。当面は収入のあてがない私たち。返済額は、無収入でも貯蓄から無理なく返していける額でと考えました。

そして余裕ができるたびに、せっせせっせとまとまった額を繰り上げ返済していったのです。

二〇〇五年に宗教法人の申請をしようという時点で、ローン残高は八百万円になっていました。

建物の抵当権が銀行にある場合、宗教法人の申請が難しくなります。そこで夫の両親に相談すると、快く八百万円を貸してくれました。おかげで無事に宗教法人の認証を受けることができました。本当にありがたい、親の援助でした。今ではそのお金も返済済みです。

お寺は在庫を抱えたりする仕事ではありませんので、ハードさえ整えてしまえばあとの支出はそう大きくありません。ましてみんなの寺のように小さくて、ランニングコストも維持費もほとんどかからないようなお寺は、それほど多くの収入がなくても、毎月の生活費くらいの収入が得られれば十分。

しばらくは無収入でも大丈夫なように、手元に三百万ほどのお金は残しました。いざというときには解約できる養老保険もありました。それでもやはりローンを抱えていて決まった収入がないという状態は、ときに精神的に不安になるものでした。いえ、不安にならないとおかしいと思います。

忙しくて収入も多いときはいいのですが、収入も少なくて暇な月もありました。そんな時には、どうしよう、やばいなあ、チラシでも配ってこようかな、何か行事でも企画しなくちゃと焦ったり、何か売れるものはないかと部屋中を探し回ったりしました。お金のことでハラハラして心の余裕がなくなると、お寺の仕事にも悪影響です。

幸いふたりでいましたから、どちらか一方が落ち込んでももう片方が励ます役に回ったりして、不安のループに陥らずに済みました。

子供が生まれる頃にはお寺も軌道に乗り、収入のことで心を悩ますこともなくなりました。

（その後の経営事情については　コラム「みんなの寺の現在の檀家数は？　収入は？」をご覧ください）

銀行～両親へのローンを完済したときに、本当に「肩の荷が下りた」感じがしました。

この先ももしかしたらローンを組むこともあるかもしれませんが、身の丈を超えないように、地道に堅実にいくつもりです。

コラム

ひろがるご縁に支えられて

その後も新聞やテレビ、またホームページや電話帳広告などをご覧になって、さまざまなきっかけからお寺に足を運ぶ方が徐々に増えていきました。

菩提寺を持たない方が多く住んでいるからと泉区にお寺を建てたわけですが、蓋を開けてみると住んでいる区や距離は関係なく、仙台市内一円から来客や問い合わせがありました。仙台市は公共交通機関網が乏しく自動車で移動するほうが便利な街ですが、運転される方にとってはさほど距離は気にならないようでした。またバス移動の方にとっても、仙台駅から直通一本で来られ、バス停を降りてすぐという立地が幸いしました。

そうして迎えた初めての年末のことです。

大晦日の夜、お寺の電話がなりました。

市内のD葬儀社に勤めるEさんという方からでした。Eさんのお父様がお亡くなりになり「これからの供養を頼みたい」というお電話でした。

Eさんは新聞記事やニュースをご覧になってお電話くださったのではありませんでした。夫が仙台別院に勤務していた頃、門徒さんの葬儀をD葬儀社さんで行う機会が多くありました。それで、お通夜などで法話をしていた夫の姿が、Eさんの印象に強く残っていたそうなのです。メディアで伝えられたイメージではなく、今までの夫のことをずっとご覧になっていて、その上で「天野さんに」とおっしゃっていただけたのは、たいへん光栄なことでした。

実はお寺をつくると決めたとき、ふたりでこのD葬儀社さんにご挨拶に行きました。「今までお世話になりました。このような経緯で仙台別院を退職し、新しくお寺をつくりますのでよろしくお願いします」と。

加えて、よろしければ菩提寺を持たない喪家さんをご紹介ください、とお願いしました。しかしまさかそこの社員のEさんが、大切なお父様のお葬式にとお声をかけてくださり、檀家になっていただけるとは思ってもみませんでした。

当時ご挨拶に伺ったのはその葬儀社さんを含め三社でしたが、実はそのうち一社の支配人さんには、会ってもいただけませんでした。

今まで別院さん別院さんと慇懃丁寧に接していたのが、本願寺職員という肩書きが外れるとわかった途端、見事なまでに鮮やかな手のひらの返し方でした。

悔しかった。

ですけどこういう場面でひとの本性が見えると勉強になったのも事実です。

Eさんの勤め先のD葬儀社さんには、その後も社長さんはじめスタッフの皆さんにたいへん良くしていただきました。

複数の担当者さんが事あるごとに喪家さんを紹介してくださり、本当にありがたかったです。みんなの寺が割と早い時期から経済的に軌道に乗ったのは、この会社の皆さんの温かい支えによるところが大きいです。

首都圏や関西では、一部のお寺と葬儀社さんが手を組み、お布施の何割かを紹介料としてキックバックしているという話も聞きます。しかし仙台ではそのような金銭的習慣は一切ありません。みんなの寺を紹介していただけたのは、私たちが「お布施の額は問わない」「法名料もお気持ちで」という方針だったことが大きかったのだとは思いますが、葬儀の担当者の方に「天野さんなら」と信頼していただけたことが一番の要因だったと自負しています。

「お寺を紹介」と簡単にいっても、葬儀は生涯一度の大切な行事です。また、その後のご供養のお付き合いもあり責任重大です。単に「安いから」「都合がつくから」「同じ宗派だから」だけでは紹介はできません。

施主さんにご満足いただき「いい和尚さんを紹介してくださって、ありがとうございます」という声が聞けるか。そこが一番大切で、担当者さんにとっては何よりの報酬だろうと思います。

ですから夫もその期待に応えようと、読経も法話も、その後のご供養も精一杯勤めました。葬儀一度限りのご縁となった方ももちろんいましたが、大半は檀家となってくださりその後もよいお付き合いが続いています。

春秋のお彼岸、お盆、年回忌法要。折に触れ、ご家族が成長し変わっていく姿を見られるのは檀家寺ならではの楽しみです。

そうなると今度は、メディア経由よりも口コミ経由での依頼が目立ち始めました。

「○○さんの葬儀に参列し、住職の法話を聞いた」

「いい和尚さんだと紹介してもらった」

ご近所、お友達の紹介で足を運んでくださる方が増えました。檀家になった方がお寺のパンフレットを配ってくださったこともあります。お友達同士で誘い合って「お話を聞きたい」とお茶のみに来ていただけるのはとても嬉しいことでした。

そうして徐々に「みんなの寺」の名前が知られ始めると、今度はいままでお付き合いのなかった葬儀社さん、墓石店さん、仏壇店さん、仕出し屋さんなどが逆にご挨拶にきてくださるようになりました。

そうしてお付き合いが広がる中で、さらに檀家さんを紹介していただく機会が増えました。

各方面からお声をかけていただき、ご縁を広げていただけたこと。本当にありがたく、もったいないことでした。このご恩は決して忘れることはありませんし、これからも期待を裏切らないように、最善を尽くすつもりです。

毎月の楽しい行事

お寺を開いてから二年余りは、毎月のように行事を企画していました。

みんなの寺のことをひとりでも多くの方に知っていただけるように。

そして、いろいろな方にお寺に足を運ぶ機会を持っていただけるように。

イベントを企画するたびに掲載無料のフリーペーパーなどに「参加者募集」の投稿をして、終了後は行事のレポートを写真つきでホームページに掲載するのが常でした。

行事は私たちだけの力では心もとなく、ご縁あるさまざまな方の智恵をお借りして開催しました。


まずは音楽系、コンサートのイベント。

「バイオリンコンサート」

町内に住む女性バイオリニストさんのバイオリンコンサートが皮切り。地域の皆さんをはじめ、大勢の方に楽しんでいただきました。

「弦楽四重奏コンサート」

宮城学院高等学校の女子生徒さんで構成する「弦楽四重奏団 sparkles」のコンサート。メンバーのひとりがホームページの読者だったことからつながったご縁でした。

「フルートコンサート（2回）」

同じくホームページで知り合った女性の旦那様がフルートのインストラクター。クラシックはもちろん、誰もが一度は聞いたことのある懐かしい曲も演奏していただきました。


つぎに、みんなで料理を作って食べようという料理系イベント。

「豆腐作り」

開山法要に次ぐ第二弾の行事。お釈迦様が悟りを開いた十二月八日の「成道会《じょうどうえ》」に併せて行いました。当時農協に勤めていた私の友人に指南してもらい、みんなで力を合わせて大なべで豆腐作りをしました。


「ネパールカレーを食べる会」

夫がケニアで出会った旅行者のお友達が、偶然仙台に住んでいました。彼も自転車と共に世界中を旅した方。好奇心旺盛で登山やカヌーが趣味。料理の腕もプロ級です。彼自らがスパイスを調合した本格的なネパールカレーをダール（豆）をたっぷり使ったスープと共にご馳走になりました。

「タイカレーを食べる会」

ココナッツ入りのタイカレーは、その色によりレッド、グリーン、イエローなどさまざまな種類があります。こちらは市販のキットを使って夫が作るというお手軽な調理法でしたが、みんなで集まって食べるカレーの味は格別。二回開催しました。お母さんと一緒に来てくれたお子さんたちには、もちろん「カレーの王子さま」で味付け。

「北インドカレーを食べる会」

調理師の髙橋大吾さん、奥様の美由紀さんのご指導のもと、カレーはもちろんチャパティ（インド風パン）も自作するという楽しいクッキングでした。全粒粉で作ったチャパティは、平らに伸ばしたあとガスバーナーの上に載せます。熱せられるとぷーっと風船のように膨らむのが面白かったです。髙橋さんご夫婦はおふたりとも元バックパッカーで、インドで出会ってご結婚なさったのだとか。その後おふたりは地元の歌津町に帰り、岩手県藤沢町（現・一関市）にカフェレストラン「和 sian-cafe aimaki」を開業されました。

そのほかのイベントとしては

「じゅず編み講習会」

単念珠というシンプルな片手持ちのお数珠を自分で編むイベント。京都の数珠卸店から色とりどりの数珠玉と紐を購入し、参加者さんに好みのものを選んでいただきました。お数珠を自分で編むということがたいへん珍しかったのか、参加者が四十人も集まり、足の踏み場もないほどの盛況でした。作り方のプリントをお配りしましたが実物を前にしなくては分かりにくい部分も多く、私と夫で狭いお寺のなかをあっちこっち飛び回りながらお教えしました。

「お香作り体験」

お香の原料を混ぜ合わせ、練香作りをしました。こちらも市販のキットが売られていますのでそれを利用しました。そのほか、普段あまり目にすることのない塗香《ずこう》や香木なども手にとって体感しました。

「アロマテラピーを楽しむ会」

アロマテラピストのMAKIKOさんを講師に招き開催しました。おいしいハーブティーをいただきながら製油についてのレクチャー。そして参加者ひとりひとりが自分オリジナルの入浴剤作りをしました。現在、MAKIKOさんは故郷の札幌市で「アロマテラピーサロンOHANA」を開業なさっています。

「アルビノオフ会」

住職と同じアルビノ体質のお子さんを持つご家族の皆さんが集まり、交流しました。お寺で二回、市内のキャンプ場で一回行い、遠くは東京、埼玉、秋田からも参加がありました。

こうして毎月何かしらの行事を精力的に企画しては参加者と一緒に楽しみました。

普段お寺と縁のない方、特に若い方にお寺に足を運んでいただく良いきっかけになったと思いますし、地域の皆さんにもお寺の活動について宣伝できました。

その2

「お寺をつくりたい人へ これぐらいは知っておこう」

観光寺・信者寺・檀家寺の違い

日本人が「お寺」と言われて浮かべるのは「金閣寺」や「法隆寺」といった京都や奈良にある、いわゆる『観光寺』ではないだろうか？ 自分でお寺を持ちたいと思う人の多くが、いきなり「金閣寺」を持ちたいとは思わないだろう。

この『観光寺』には信者でなくても誰でも参拝できる。もちろん外国人にもその門は広く開かれている。ただし、入るには有料のところがほとんどであるのが特徴だ。入場料・拝観料収入によって、観光寺は運営されているからだ。

観光寺とよく似ているのが、「善光寺」や「川崎大師」などの『信者寺』と呼ばれるもの。『信者寺』は仏教の信仰心のある者が参拝するお寺とされている。観光寺と違って境内に入るのに普通お金は取られない（賽銭箱などはしっかり置いてあるが）。

信者寺は意識して見ないと観光寺と区別がなかなかつかないことが多いが、信者寺では一年に一回でも多く信者（信徒）が訪れてもらえるようさまざまな行事をつくって、工夫している。多いのはいわゆる「厄除け」や「自動車交通安全祈祷」などだ。これらのお札やおみくじ、祈祷料などが収入の柱になっている。

最後に一般のと言っては失礼だが、あなたの近所にあるお寺、『檀家寺』について触れておこう。『檀家寺』はその寺に墓を持っている（墓がなくても昔からその寺と縁がある家もある）、いわゆる「檀家」の人々が支えているのが一般的だ。収入は檀家の葬式や法事などがその中心になる。ただし、例外もある。さきほど『信者寺』の例としてあげた「川崎大師」などは基本的に檀家をほとんど持たない。ご祈祷の祈願料でお寺を維持できるだけの優良信者を多く抱えているからだ。日本各地にこうした祈願を行う『信者寺』はいくつかあるが、数は少ない。全体の一割にも満たない。多くの信者寺は祈願と合わせて法事なども行う「檀家寺」の側面も持つ。

日本には、『観光寺』『信者寺』そして、『檀家寺』の三つが時には棲み分け、時には重なりあいつつ共存しているのである。（編集部）

第六章
「そうだ、インドに行こう」

偽善が招いた大失敗

「いつでも誰でも自由に立ち寄れる」「気軽に悩み相談や仏教の話ができる」お寺が理想。そのコンセプトどおり、私たちはいつどなたがいらしても歓迎してお話をお聞きしていました。

当時はお寺の仕事もさほど忙しくなく、子供もおりませんでしたので、時間はたっぷりありました。

お茶はもちろん、昼食や夕食も用意し、夜遅くまで語り合いが長引いた場合にはそのままお泊りいただくこともありました。遠方からお越しの方を、車で仙台観光に連れ出すことも。悩み相談にもお茶のみ話にもとことん付き合う、そんな体当たりのお付き合いも、それはそれで面白かったのです。

しかし、Fさんという三十代の主婦の方との出会いが、それまでのやり方を見直す転機となりました。

精神的な病気を患い入退院を繰り返していたFさんは、ある仏教系新興宗教団体のご友人の紹介でお寺に足を運ぶようになった方です。うちのお寺のことも気に入ってくださったようで、当時開催していた月に一度の法話会や、様々な行事にも欠かさず出席してくださっていました。

また旦那様が出勤する平日は、毎日必ず朝九時にお寺にいらして、一緒に勤行しました。読経と法話が終わると、その後は私がお茶をいれて接待します。Fさんはたいてい、少なくともお昼になる三時間の間は滞在されるのが常でした。私たちに次のお参りの予定がある場合は「すみませんが、もうそろそろ」と水を向けますが、たいていはこちらも暇です。その方がご自分から「帰ります」と席を立つまでこちらから切り上げることはせず、三人向かい合ってずっとお茶を飲むというパターンが出来上がりました。

お昼過ぎてもお帰りになる気配がないと「お昼ご一緒にいかがですか」となり、そのまま午後までズルズルと雑談して過ごし、結局丸一日その方のために時間を費やすという日も珍しくありませんでした。


彼女は、端的に言えば、居場所がない人でした。

おうちに帰ればひとり。病気のためお付き合いするご友人も多くなかったのでしょう。しかしお寺に来れば温かく歓迎され、お茶とお菓子と楽しい会話が待っています。

今となっては、彼女は本当に仏教に興味があったのかどうかもわかりません。新興宗教団体にせよ、うちのお寺にせよ、仏教という共通の話題の中に、ご自身の居場所を探そうとしていたのかもしれません。

お寺に来る方の目的はさまざまです。

明確な用事がある人、たとえば、法事を依頼したいとか、相談に乗って欲しい、疑問に答えて欲しいという方への対応は、ゴールが見えている分時間がかかっても苦になりません。

しかしなかには「一度どんなお寺か見てみたかった」というような、さしたる用件のない方もいらっしゃいます。もちろん、わざわざお寺に来てくださったのは光栄ですし、お知り合いになれて嬉しいのですが、有益な話に発展することはまれです。

Ｆさんともそのような感じになりました。

来る日も来る日も、発展性のかけらもない四方山話ばかり。私たちふたりがかりでなんとか話題をつなげて、無理に気を遣ってもてなしているような状況でした。そんな時間を毎日何時間も過ごすのが次第に苦痛になってきて、

「時間がもったいないなあ。こうしている間に、家事も仕事もしたかったな」とストレスを感じるようになりました。

もしFさんが、ご自身の深い悩みに関する相談や、仏教に関する質問をしてくださっていたなら、私たちもやりがいがあったことでしょう。とことん付き合っても、辛くはなかったと思います。けれども彼女が求めていたのはアドバイスではなく、慰めであり、優しく「いいよいいよ、そのままで」と言ってくれる相手でした。

そんなある日、いつものように朝のお勤めにFさんが現れました。

「今日は主人が熱を出して寝込んでいるんですけど、来ました」どこか得意げな口調です。

「だって仏法のほうが大事ですから」

それを聞いて夫が思わず

「それは違いますよ」

と反論しました。

「身近な人に慈しみを向けるのが仏法ですよ。早く帰って看病してさしあげてください」

その場は何も言わずお帰りになったFさんでしたが、その夜、夫のもとに長いメールが届きました。

「傷ついた」

「信じていたのに、裏切られた」

恨みつらみの文章が延々と書き連ねてありました。


それを読んだ私たちは、ショックというよりも、

「ああ、これが結果か」

と力が抜けました。目が覚めた思いでした。

本当にやりたかったことは何だろう？

原因が間違っていれば、結果も間違ったものになる。

仏教ではそう教えています。


私たちのFさんへの接し方は、仏教徒として全く間違ったものでした。

そのためこんなにも膨大な時間と労力を使ったにもかかわらず、私たちにもFさんにも、何ひとつ良い結果をもたらしませんでした。

偽善者だったのです。

「優しい、物わかりの良いお寺の夫婦」になろうとして、嫌われるのを恐れて、安易な道を選んでいました。ストレスも不満もなかに押し殺して、「ようこそ、よくいらっしゃいました」という人を演じ続けていました。

心の病気だというFさんを、腫れ物に触るかのように気遣っていました。言いたい本音も、本人のためになるであろうアドバイスも言えずにいました。

ですからそもそも、最初から対等な人間関係ではなかったのです。それなのにまるで友達のようなふりをして。失礼極まりないことでした。

表面上だけ慈悲深い人間のふりをしようとしても、うまくいくはずがありません。愚かでした。結果としてFさんを傷つけただけでした。

私たちが本当にやりたかったことは、何だろう？

この出来事は、そのことをもう一度深く考え直すきっかけになりました。

どんなお寺にしたかったんだろう？　お寺で何をやりたかったんだろう？　ふたりで何度も話し合いました。

みんなに気軽に訪れて欲しい。その気持ちに嘘はありません。みんなでわいわい、食事をしたりイベントを楽しむのもいい。ちょっとお茶を飲んで立ち止まって、雑多なおしゃべりをする中で、気持ちが楽になってくれれば嬉しい。

けれども。

それ「だけ」で終わるのなら、なにもここがお寺である必要はありません。

趣味のサークルやイベント、地域のサロン的なところでも、それはできます。

お寺の役目は、仏教を伝えることです。

そう思って今まで「ひとりでも多くの人にお寺のことを知ってもらおう、足を運んでもらおう」と突っ走ってきました。それなのに、一番時間をかけて接したはずのFさんに、私たちは何も伝えられませんでした。

きちんと「仏教を伝えられるお寺」にしたい。本当のお寺にしたい。

そのために一番大切なのは、私たちがしっかりと仏教徒として生きること、仏教を実践することです。

私たちが〝仏教者〟として正しくあらねば、一体何が伝えられるというのでしょう。穴の開いた器に水を注ぐようなもので、基盤のないところに人を集めても意味がありません。

反省しました。

もう一度心を改めて、原点に立ち返りたいと思いました。

お寺を開いてから、たくさんの方とご縁ができました。これからますます多くの人と接していくのです。ここでしっかりと立ち位置を見直しておかなくては。おなかの中にひとつ、揺るがない大きな石を置いておかなくては。そう思いました。

「インドに一緒に行こうか」

そう口火を切ったのは夫でした。

お釈迦様が悟りを開き、仏教を説いたインドに行こう。菩提樹の木の下で、手を合わせてこよう。

リセットボタンを押すつもりでの旅行を計画しました。

その頃には既に、お寺を長期間留守にするのは難しくなっていました。それでも北海道の両親に留守番に来てもらい、友人の僧侶に留守中のフォローをお願いすることで、三月のお彼岸が終わった後、十一日間の日程で休暇をとりました。

新婚旅行にも行かなかった私たちにとって、ふたりでの長期旅行は初めてです。出発の日を指折り数えて、楽しみに待ちました。

そうだ、インドに行こう!

仙台空港から出発し、韓国経由でデリーに到着したのは深夜でした。

荷物はデイパックひとつずつ。貴重品はおなかのベルトのなか。軽量そのものです。

インド旅行者向けのガイドブックには、インド旅行がいかに危険なものか、だまされないようどう行動すべきか、被害例を列挙して注意を喚起しています。「特に深夜到着の場合は注意を」と書いてあります。

しかし、夫は百戦錬磨のベテランバックパッカー。外国人が乗るタクシーではなく、現地の人が乗るバスに乗り込みます。運転手のおじさんにヒンディー語で話しかけ、いきなり盛り上がっています。

市街地に降り立つと、真っ暗闇の中から客引きがわらわらと集まってきました。

「ホテル? タクシー?」四方八方から口々にまくし立てられ、私はすっかり怖くなってしまいました。

「ナヒン、チャヒェ！（いらない！）」

夫はそう断ると、私の手を引いてさっと細い路地に入っていきました。道路に眠る野良牛の脇を通り抜け、野良犬をまたぎ、迷路のような路地を右へ左へ、軽やかな足取りで進みます。

そして夫の定宿だというゲストハウスにたどり着きました。フロントは屋外にあり、裸電球に照らされたカウンターには深夜にもかかわらず髭のおじさんが退屈そうに肘をついていました。壁にかかったサイババの肖像画の裏から、ヤモリが数匹にょろりと這い出るのを私は見逃しませんでした。

本当にここに泊まるの？　冷や汗をかいている私の横で、夫は「朝までドミトリーの部屋を使わせてくれないか」ひとり八十ルピーだ、いや五十ルピーでどうだと楽しそうに交渉しています。

部屋に入った私は絶句。殺風景なコンクリートの四角い部屋に、ゆがんだパイプベッドが三台。シーツ代わりの布が巻いてありますが、どう見ても洗濯してあるようには見えません。

共同シャワー室に入った私は、さらに震え上がりました。床はサンダル履きで入るのも恐ろしいほど汚泥でぬるぬる、壁には水垢なのか錆なのか、すさまじい汚れが染み付いています。とにかくヤモリが飛び出てこないうちにと、決死の思いで水シャワーを浴びました。

「明日の朝一番に電車の切符を買いに行くから」

ベッドで安らかに寝息をたてだした夫を見て、早くもこの人についてきたことを後悔しました。しかしこの異国で頼れるのは、この人をおいて他にはいません。


牛と神々と物乞いとバイクと、むせ返るような熱気の国、インド。

その日の夜明けから電車での旅が始まりました。夫の取る座席は、当然二等寝台。昼間は座席、夜はベッドになる硬い席で、長い長い移動の連続です。

驚いたのが、電車の時刻表は全く当てにならないということ。半日遅れは当たり前。アナウンスもありません。どの電車に乗るべきか、一番頼りになるのは近くのインド人です。

サリー姿のおばあさん。パンジャビドレスを着た娘さん。クルタを着たおじさんたち。頭にターバンを巻いているのはシーク教徒で、帽子を載せているのがイスラム教徒です。多民族国家のインドでは、道行く人の格好も百花繚乱です。

とにかく電車での旅は気長に行くしかありません。電車が停まるたびに窓辺に押し寄せる物売りからバナナやマンゴージュースを買い、同じ車両に乗り合わせた他の乗客とおしゃべりしながら、ガタンゴトン揺られて進みました。

まず到着したのはバラナシです。母なるガンジスの流れる古い街。ヒンドゥー教徒にとって死後ここのガート（火葬場）で火葬され、川に遺灰を流してもらうことは何よりの願いです。

つぎにお釈迦様が初めて説法をした「初転法輪の地」サールナートを訪れました。遺跡が公園になっており、鮮やかな緑が広がる村です。ここではスリランカ寺に参拝し、仏舎利を頭にかざしていただいたり、聖糸を手首に巻いて祝福していただきました。

そしていよいよ、お釈迦様が悟りを開いたブッダガヤの地へ。世界各国からの参拝者が大勢訪れるのでしょう、沿道にゲストハウスや各国の寺院がたくさん並んでいました。ここではチベット寺に二泊お世話になりましたが、近くに日本寺もあり、浄土宗の若いお坊さんとお話できました。

五色の旗で彩られた大菩提樹の木の下に並んで座りました。太い幹から伸びた豊かな枝。さわさわと葉が揺れて、心地よい陰を落としています。「ここでお釈迦様が……」ため息をつきながらしっかりと手を合わせました。地面に額をつけました。二度。三度。感激で胸がいっぱいになりました。

次に世界最古の仏教大学があるナーランダーを眺めながら、マガダ国の古都ラジギールへ。法華経や観無量寿経《かんむりょうじゅきょう》の舞台でもあります。馬車をチャーターして温泉精舎跡（ガラム・パーニー）

やビンビサーラ王の牢獄跡などを見学。お釈迦様が説法したという霊鷲山まで、リフトで登りました。

ラジギールからデリーへ戻るまで、またまた二十四時間の電車の旅。デリー市内を少し観光して、二人の旅は終了しました。

ダラムサラにて

夫だけが帰国し、私はその後一ヶ月ほど滞在する予定で、ひとり北西へと向かいました。旅の目的は、ふたりで仏跡を参拝するほかにもうひとつありました。それはヴィパッサナー瞑想のコースを受けることです。

ヴィパッサナーとは「ありのままに観る」という意味で、テーラワーダ仏教（上座部仏教）圏で実践されている仏教の瞑想法です。夫が海外を旅していたときに知ったのをきっかけに、私も興味を持ちました。

「テーラワーダ仏教」という言葉が日本で耳目を集めるようになったのは、つい最近のことであろうと思います。

仏教は生まれてから約百年後に大きくふたつに分かれました。ひとつは大乗仏教。現在日本のほか、チベット、中国、韓国、台湾、ベトナムなどで信仰されており、北伝仏教とも言います。もうひとつはテーラワーダ仏教、別名上座部仏教。スリランカ、タイ、ミャンマー、ラオス、カンボジアなどで信仰されており、南伝仏教とも言います。テーラワーダとは直訳すると「長老の教え」という意味で、お釈迦さまの説かれた教えをそのまま受け継ぎ、地域や文化に合わせて修正することなく継承してきたグループです。

東京の「日本テーラワーダ仏教協会」では、スリランカご出身のアルボムッレ・スマナサーラ長老をはじめ、テーラワーダ仏教の長老方の指導のもと、瞑想会や勉強会などを行っており、冊子も数多く発行しています。

世界規模のヴィパッサナー瞑想の指導者も大勢います。S・N・ゴエンカ氏の創始したグループの本部はインドのボンベイにありますが、世界各国でさまざまな日数のコースを受けられます。日本では「日本ヴィパッサナー協会」が同氏のコースを京都と千葉のセンターで開催しています。私がこのメソッドの十日間コースに参加したのは、ヒマラヤに囲まれた小さな町、ダラムサラ。チベット亡命政府の本拠地があり、ダライ・ラマが住んでいることでも知られている町です。

ダラムサラに着いてまず驚いたのは、いたるところで赤い服を着たお坊さんが大勢歩いていること。川の周りで昼寝したり。街の喫茶店でチャイを飲んだり。お寺だけに限らず、思い思いの場所で普通に生活しています。

時間帯を変えて、ダライラマ公邸の隣にある大きなお寺に何度も行きました。朝はあちらこちらで参拝のおばあちゃんたちが延々と五体投地をしています。どこにそんな体力があるの？　と驚きます。

午後は学僧さんたちが読経したり、手をたたいて問答したりしています。参道で仏具を売るお店も終日繁盛しています。

「この町では、お寺が心臓なんだ。お寺が心臓になって、エネルギーを町中に送り込んでいるんだ……」

お寺は鮮やかに息づいて、確かに生きていて。人はいつでもその息吹に飛び込める。お寺っていいな、宗教ってステキだな。改めてそう思いました。

さて肝心のヴィパッサナーコースですが、参加してすぐに重大なことが発覚しました。英語がわからないのです。

瞑想のレクチャーや仏教に関する講義は全て英語で行われるのですが、それがほとんど聞き取れません。イスラエル人のボランティアスタッフさんの英語もわかりません。

私はもともと英語が得意なほうでなく、旅行会話のうちは何とかなっていたのですが、本格的な講義となると高度すぎたようです。

しかしレクチャーのテープはヒンディー語や中国語など何種類も用意してあり、参加者は自分の母国語のテープを選んで聞くことができました。なんと幸いなことに日本語のテープもあり、おおいに助かったのです。

ダラムサラは外国人旅行者が多い街だったせいか、参加者の半数以上が欧米系の外国人でした。日本人参加者は、私と、男性がもうひとりいました。

しかし、好事魔多し。私は二日目からおなかを壊し、五日目から熱を出しました。豪快に三十九度超です。

朝晩冷え込む山の中で水のシャワーを浴びていたので、風邪をひいたのだろうと思いましたが、熱は一向に下がる気配がありません。

なんとか気合でコースの最後までは参加しましたが、そのあと町の診療所に行っても原因がわからず、解熱剤とビタミン剤を処方されるだけ。食事もほとんどのどを通らず、どんどん衰弱していきました。

起き上がるのもやっとの状態で、バスでまる一日移動。既に発熱から一週間以上が経過しています。たどり着いた大きな町の病院で検査するのもひと苦労でした。ひとり旅で病気になると、誰も助けてくれる人がいないというのが泣き所です。

涼しい顔で「大丈夫、マラリアではなかったよ」という先生、なにやら紙にさらさらと書き付けてくれました。診断書でしょうか。

「もう限界だ。帰ろう。生きているうちにもう一度日本の土を踏みたい」

ほうほうの体で何とかデリーに戻り、チケットを買いました。

仙台空港の検疫で熱が続いている旨伝えましたが「早く病院に行ってくださいね」と言われただけ。

その後とある総合病院の内科を受診して発覚した事実。それは、あのインドの先生の診断書に英語で「腸チフス陽性」と書かれていたということ。

病院内ににわかに緊張が走り、どよめきの中ですぐに別室に隔離されました。夫も一緒です。マスク姿で再び現れたスタッフさんに「トイレを使いましたか?」と聞かれました。私が歩いた経路をくまなく消毒している模様です。何事が起こったのか把握できないまま、飛んできた保健所の搬送車に乗せられ、市立病院の感染症科に運ばれました。そのまま隔離入院です。そこでの検査ではチフス菌が見つからなかったため、チフスとは断定されなかったのですが、法定上一週間は隔離しなくてはならないらしく、個室でお世話になりました。

ミャンマーで尼《あま》さんになる

「喉元過ぎれば熱さを忘れる」

昔の人はよく言ったものです。

私は懲りない女でした。

インドであんな酷い目にあったものの、減った体重も回復しないうちから、もう「次の計画」に思いを馳せていました。

「教学のスリランカ、戒律のタイ、瞑想のミャンマー」

そんな言葉を最初にどこで耳にしたのか、今ではすっかり忘れてしまいました。

インドで受けたヴィパッサナーコースの創始者、ゴエンカ氏がミャンマー生まれで、その師匠に当たるサヤジー・ウ・バキン氏もミャンマー人。

「やっぱり瞑想するならミャンマーだよね。次に行きたいのは、絶対にミャンマー」

という憧れが私の中でどんどん膨らんでいきました。

まずは情報収集です。今はインターネットでいくらでも海外の情報が手に入ります。ミャンマーで外国人を受け入れている瞑想センターは複数ありました。門戸を広げて誰にでも修行できる機会と環境を提供してくださっているのだなあと、その土壌を改めてありがたく感じました。瞑想センターの公式サイトはもちろん、ほかの外国人修行者の体験談も見つかりました。同じヴィパッサナー瞑想を教えている道場でも、規模や指導法など少しずつ特徴があることもわかってきました。

そんななかで、ひとつ「ここに行ってみたい」というところを見つけました。ヤンゴンのマハーシ瞑想センターです。

問題は滞在期間をどうするか。

「どうせ行くなら、しっかりやっておいでよ」

そう快く勧める夫や義母の声に背中を押され、「エントリービザ」の期限十二週間をまるまる過ごす予定でチケットを取りました。

そこからはアルバイト三昧の日々。渡航費用や滞在費用、なにより現地のお寺に寄付するお金は自分で稼ぎたいと思い、試食販売や工場など、さまざまなアルバイトに精を出しました。

また、インドで思い知らされたのが、自分の英語力のなさ。さすがにこれではまずいだろうと、英語も再勉強しました。瞑想の理論や初期仏教の経典についても、基礎的な知識を補うべく自習しました。

それと平行してミャンマー語の会話の本を購入。片言の挨拶だけでもできるようになりたいな、視力検査の記号のようなミャンマー文字が読めたら楽しいだろうな、そんな軽い気持ちで読み始めました。しかしこれがすっかり面白くなってしまい熱中、むしろこちらに時間を費やしてしまいました。ミャンマー語はその後もどんどん好きになり、今に至るまで独学を続けています。

そしてせっかく滞在するのだから在家のままではもったいないと思い、向こうで尼僧《にそう》にさせてもらうつもりで剃髪しました。

たいした準備という準備もできないまま、ヤンゴンに着いたのは十一月の半ばでした。

到着の翌日は市場でサンダルなど日用品の買出しをし、翌日にセンターに向かったのですが、ホテルのご主人が「瞑想センターに行くなら」と車で送ってくださいました。

ミャンマーはお寺や僧侶を非常に大切にする信仰深い国であるとガイドブックで読んで知っていましたが、その通りでした。混雑するバス車内にもお坊さん専用席があるくらいです。その後も私が尼僧姿で町を歩く機会があると、外国人であることもひと目見てわかるのでしょうか、色々な人から英語で声をかけられました。

「どこに行くんですか」

「荷物をお持ちしましょうか」

半年前に滞在したインドでも、外国人と見ると大勢の人がそう言って取り囲んできました。しかしそれは大半が客引きであったり、勝手に案内をして後からガイド料を請求するような、油断ならない人たちです。

しかしミャンマーでは違いました。本当にみなさん親切なのです。

新しい名前「ティッカニャーニ」

センターに着くと、外国人女性寮の一室に案内されました。木製ベッドと机がある、八畳ほどの個室です。トイレとシャワーもついています。瞑想は寮に隣接する三十畳ほどのホールに集合して行いました。天井からひとり用の蚊帳を吊り下げ、その中に座って行うのです。瞑想には座る瞑想と歩く瞑想の二種類があるのですが、歩く瞑想はホールのほか、おのおの廊下などで行いました。

外国人女性は台湾、韓国、スイス人など十名程度。尼僧も在家女性もいます。日本人は私ひとりでした。その後も入れ替わり立ちかわり、イタリア人やフランス人、オーストラリア人など、いろんな国の人が滞在しました。

緊張して瞑想センターの門をくぐった私でしたが、四十歳くらいのマレーシア人の尼さんがまるで妹のようにあれやこれや世話を焼いてくださり、生活面で困ることはありませんでした。

着いて三日目に、尼僧になる儀式をしていただきました。先輩の尼僧さんたちが円になって取り囲む中で三拝し、お経を読んでいただきます。

指導役のサヤドー（長老）から「ティッカニャーニ（鋭い智慧）」というパーリ語の法名をいただきました。ミャンマー人の名前は、生まれた曜日によって頭文字が決まります。ですから名前を聞けば何曜日生まれか大体予想できるわけです。この名づけの習慣は法名にも適用されています。私は土曜日生まれなのでTから始まる名前をいただいたのだと知ったのは、それからしばらく経ってからでした。

お坊さんたちは赤い袈裟をまとっていますが、尼僧の服はかわいらしいピンク色です。一番下にオレンジ色のロンジー（巻きスカート）をはき、その上からピンク色の衣を三枚着用します。最後に「ダベッ」というオレンジ色の長いショールを巻きます。

在家の女性は白いシャツに茶色のスカート、茶色のショール。在家の男性はミャンマー人らしい襟なしシャツに男性用ロ

撮影：髙橋大吾

ンジー、茶色のショールを身につけています。

ヨギ（瞑想者）は八戒を守るのでお化粧したり、香水やアクセサリーをつけたりはしません。

瞑想センターの朝は三時の鐘から始まります。真っ暗闇に鐘の音が響く中で起床し、身支度を整えると、瞑想ホールへと移動します。

四時から〝座る瞑想〟スタート。瞑想は〝座る瞑想〟と〝歩く瞑想〟が一時間ごとに交互に行われ、合間の食事や移動、シャワーも全て瞑想しながら行うように指導されます。

五時から朝食です。上座部仏教の国では戒律どおり正午までしか食事をとらないため、食事は五時と十時の二回です。午後は飲み物のみ。黒砂糖や飴、蜂蜜を摂るのは許されます。

六時から九時まで瞑想。十時に昼食。十二時から夕方五時までまた瞑想。少し休憩して、六時から九時までまた瞑想。そして就寝です。

ボランティアの通訳さんが来る曜日によってスケジュールが変わりますが、週何回か、夕方に指導役のサヤドーとの面接（インタビュー）があります。ここで自分の瞑想の具合を報告し、疑問点を尋ねることができます。それによってサヤドーは瞑想のやり方を軌道修正してくださいます。

また、週に一回法話会もありました。

瞑想に集中するため、基本的にほかの修行者とは会話をしません。ひたすら静かに取りくむのが基本です（とはいえ、やはりおしゃべりもしてしまうのですが）。

また、男性と女性は食事時以外は顔を合わせる機会もありません。インタビューや法話会に出向いて初めて、日本人男性も何人か滞在していることを知りました。出家している若い方もいましたし、在家のまま修行しているおじさんもいました。ミャンマーに来て数日、ちょっと心細くなっていたタイミングで日本人に会えて嬉しかったです。

ちなみに事務所の電話で日本にいる夫とはいつでも連絡が取れましたし、エアメールも取り次いでもらえました。修行道場だからといって、世間から完全に隔離されているわけではないことがちょっと意外でした。

プロフェッショナルはカッコいい

「朝三時に起きるの？」

「午前十時にお昼ご飯で、そのあとは食べないの？」

と驚かれる瞑想センターのスケジュールですが、慣れればさほど辛いものではありませんでした。センターではみんながそのように暮らしていましたし。

辛いのは、瞑想そのものでした。

いいえ、なかなか瞑想が上達しないという自分の中の焦りや自己嫌悪でした。俗世間にいるのとは異なり、あらゆる事実をごまかす手段は一切ありません。どんな感情にも、たったひとりで真正面から向き合わなくてはなりません。

「怒りや悲しみに呑まれないこと。それが生じたら、すぐに気づくことが大事」「今この瞬間の事実を観察することが瞑想」

頭の中ではわかっているのですが、なかなか思うようにできません。気を抜くとすぐに負のスパイラルにはまってしまい、妄想ばかりが回転していました。

「何やってるの、私」というイライラと「頑張れ頑張れ」という鼓舞の繰り返し、ギリギリの状態でバランスをとっている有様。

自分を慈しむ、許す、受け入れる。そんな余裕もありません。落ち込んで心の中で駄々をこねる日が続きました。

そんな中で、日本人比丘《びく》のウ・コーサッラ師と出会いました。

三十歳で出家され、当時ミャンマーに来て既に八年が経過していた師。国際テーラワーダ仏教宣教大学に籍をおいていて、たまたま大学の休みに瞑想センターにいらしていたのでした。

痩せた体に鋭い眼光。きびきびとした身のこなしに最初は近づきがたい印象を持っていました。

しかし、口を開けば意外なほどに軽妙な口調。たいへん気さくな方だとわかるのに、時間はかかりませんでした。

「何か聞きたいことがあればいつでもどうぞ」

そんな優しいお言葉に甘え、サヤドーとの通訳をお願いしたり、仏教のこと、瞑想のやり方のこと、何でも教えていただきました。

ミャンマー語は堪能で、仏教に関する深い知識も経験もあるため、通訳もたいへんわかりやすく、また何をお伺いしてもすぐに的確なアドバイスをくださいます。

「博覧強記」「打てば響く」というのは、こういう方のことをいうのだと思いました。

心が弱ったときにもお邪魔してお話を聞きました。愚痴を聞いていただいたことも数知れず。ほかの日本人修行者も師を頼りにして、よく訪ねていたようです。

そんななかで、師がどうして日本を離れミャンマーで出家したのか、どんなお考えを持っていらっしゃるのか、個人的なことに関して質問できる機会もありました。

私にとっては、それが逐一新鮮で面白くて、興味深いものでした。

異国の地で長年僧侶として暮らしている師の下に日本から取材が来たそうです。

「もう二度と日本の土を踏むつもりはないんですよね」と目を輝かせるインタビュアーに対し「え？　用事があれば帰りますよ」とさらりと答えたという師。

一事が万事こんな調子で、師には意気込みというか、力が入ったところがまるでありませんでした。

「自分は一生僧侶として生きる」「絶対に悟る」「衆生を救う」というようなガチガチのガッツなどは存在せず

「まあ、出家生活が気に入っているので」

飄々《ひょうひょう》として全然肩に力が入っていないところが、逆に日本人離れして見えました。

日本人は「身命を賭して」「石にかじりついてでも」のような根性論が大好きです。それでうまくいけばいいのですが、うまくいかずに落ち込んだり怒ったり。格好悪いことこのうえありません。

それはまさに、当時の私の姿でした。


Fさんを傷つけてしまった失敗の原因も、そこにある気がしました。

軸を持つこと。

楽しむこと。

そして、怠ることなく前に進み続けること。

私に足りなかったものを、師は自然と身に備えていました。


「楽しんでやればいいじゃないですか。心をきれいにするための瞑想なんですから」

師はあくまでも自分の好きな方向にまっすぐに歩いてきて、淡々と必要な修行や勉強を修めて、その結果たくさんの人の力になっています。

最初から「たくさんの人の力になろう」と思ってやったわけではありません。

そこがカッコいいと思いました。

プロフェッショナルです。

私もそうなりたいと思いました。

私がやりたいことは、出家者の道とは違うけれど。この日本で、日本のお寺の坊守として、きっとできることがあるはず。

そして叶うならば、私もウ・コーサッラ師のようなプロフェッショナルになりたい。心から憧れました。


それで結局私の瞑想はうまく行ったのか？　行かなかったのか？

「もー大変だった、もーこりごり、もー二度とごめんです」

そんな感想を抱き、尻尾を巻いて十一週ほどで切り上げて帰国したはずが、一年後、懲りずにまたノコノコとミャンマーを再訪。今度はたった一週間でしたが、ヤンゴンから遠く離れた山の中にある瞑想センターで過ごしました。

その後娘を妊娠中にも、熱海でミャンマー人サヤドーの瞑想合宿に参加しました。出産後も東京の一日瞑想会に出向いたり、家で瞑想の時間を設けたり、半端モノなりに何故かぼちぼち挑戦を続けています。

世俗の雑事を一旦停止して、自分の体と心にだけ向き合うというのは、たいへん贅沢で貴重な時間であることには違いありません。

ウ・コーサッラ師はその三年ほどあとに、アメリカを経由されなんと日本に帰国されました。今では大阪に拠点を置き、全国各地を飛び回って瞑想の指導やアビダンマ（仏教理論）の講義をなさっています。

コラム

みんなの寺の課題は？

現在、みんなの寺の一番の問題点は

「狭い」

この一言に尽きます……。

もともと民家を改装してつくったお寺ですから、仕方のないことなのかもしれません。庭木を抜いて駐車場を拡張したり、二〇〇七年に大改装をしたりして、少しは使い勝手がよくなりましたが所詮は付け焼刃です。

お盆とお彼岸にはお寺で合同法要を行うのですが、スペースの問題から四回に分けて行っています。それでも各回二〇～三〇家族、六十人以上が訪れるため、本堂・隣のフローリング・その隣の六畳和室・その隣の八畳和室にまでみっちりと座っていただくことになります。足を伸ばせないほど狭苦しく、特に夏場は蒸し暑いです。

駐車場も、株式会社富士防災さんがご厚意で社員さん用駐車場を貸してくださるのですが、いつもすぐに満車になります。あちらこちらへ分散して停めていただくべく、誘導に追われます。せっかくお参りくださった方に窮屈で不便な思いをさせてしまい、いつも心苦しく思っています。

ただ、こんなに混雑するのは一年の間に行事の数日だけで、普段は十分間に合っています。たまに来客が重なる土日に、車の入れ替えをお願いするくらいです。

ですから緊急の課題となっているわけではないのですが、この先もご参拝の方が増えることを考えると、何らかの対策は講じなくてはならないと思っています。

場合によっては、移転、拡張、駐車場購入などの思い切った対策が必要になるかもしれません。

嬉しいことに、みんなの寺の法要にお越しくださるご家族様は、赤ちゃんや小さいお子さんを含め、家族皆さんで来てくださる方が多いのです。

お寺スペースと駐車場の問題で余裕あるおもてなしができないのは、とても残念です。私は皆さんがもっとゆったりとお参りできるように、ご法事後も次のお参りの方に気遣うことなくのんびりお話していただけるように、ハードを整えたいと希望しています。

しかし夫はそうではないようです。広いお寺が不必要だというのではなく、本当にその方向でよいのか、とずっと考えているようです。沢山の方のニーズに応えるため広いお寺を建てることが、果たして一番よい方法なのか？　それはとりもなおさず、みんなの寺をこの先どのようなお寺にしたいのか？　という問いと直結する問題です。

第七章 「え？　みんなの寺がもうひとつ⁉」

撮影：八島健一

ふってわいたもうひとつの「みんなの寺」

その男性が突如お寺に現れたのは、二〇〇五年の初夏のことでした。

紺のスーツに身を包んだ、いかにもビジネスマン風の初老の男性。彼は初対面にもかかわらずやけに馴れ馴れしい、饒舌な口調でまくしたてました。

「いやあ、こちらのお寺さんのご活躍は良く伺っておりますよ」

「困っている方のために敷居を低くして、素晴らしいお寺さんですね」

一体、この方は何の話をしにいらしたんだろう。のっけから話の趣旨が理解できず、ふたりで顔を見合わせました。

男性が差し出した名刺には「まかせて安心寺院サービス」「真心こめてお手伝い」などと書かれています。住所は仙台市内になっています。

「菩提寺を持たない方にうちのお寺を紹介したいということ?」と想像しましたが、違いました。

机の上に広げられた複数のプリント資料には、大きく「みんなの寺」と印刷されてありました。

私たちは目を丸くして、資料の文字を追いました。

男性は話を続けました。


福島市に「みんなの寺」というグループを立ち上げようという動きがある。

そのグループでは、各宗派の寺院をはじめ、葬儀社、生花店、仕出し店、墓石店、仏壇店などを会員として募集する。

そこに加盟する寺院で葬儀した場合、どの宗派でもお布施の額は一律価格。グループ参加企業で葬儀・法事に関する全サービスを安価で提供する。

今まで喪家はお寺と葬儀社を別々に探さなくてはならず、しかも価格が不明瞭な上高価だった。寺院と葬祭サービス業者が提携した「みんなの寺グループ」は画期的なシステム、理想の形である。と、こうおっしゃるのです。

「お寺の高いお布施に困っている人がいっぱいいますからね。「明朗会計」で「安く」戒名がもらえるんですよ」

院号つき戒名でいくら。院号なしでいくら。話が進むにつれ、自分の顔がこわばっていくのを感じました。

「私たちのコンセプトと、こちらのお寺さんの考えは一緒だと思うんですよ。偶然、お名前も一緒ですし……」

冗談じゃない。耳をふさぎたくなりましたが、話の本題はそこからでした。

私は、仙台でも同様の「みんなの寺グループ」を作るつもりである。福島市の主催者にも許可を得ている。

ついては、そのグループに加盟して欲しい。

男性は、それを言いにきたのでした。

「待ってください。そもそも、あなたはどういう立場の方なんですか？　何のためにそんなグループを作ろうとお考えなのですか」

当然の疑問を尋ねてみました。

すると
「とんでもない、私は単なるボランティアです。お寺のことで困っている方が多いので、力になりたくて……」

のらりくらりと水を濁します。

「団体の収益はどうやってあげるんですか」と聞いても
「いえいえ、収益なんて要りません。私はただ皆さんのために奉仕したいだけです」

ボランティアだとか、自分の報酬は一切要らないとか、あまりに綺麗ごとが過ぎて的を射ない答えに、私たちの疑念は強まるばかりでした。

とにかく先方の言う「みんなの寺グループ」のやり方に賛同もできなければ、参加したくもありません。お誘いはきっぱりとお断りしました。

しかし大きな問題がひとつ残っています。「みんなの寺」という名前です。

私たちがここ仙台に「みんなの寺」を開山しそろそろ三年。檀家数も増え、名前も確実に浸透し始めています。ここで同じ名前の、しかも全く別の活動をするグループが現れたら、檀家さんはもちろんのことたくさんの方が混乱するに違いありません。

ですからその旨説明し、

「みんなの寺という名前は考え直していただけませんか」とお願いしました。

すると相手の態度が硬化しました。

「〝みんなの寺〟という名前を商標登録しているわけではないのでしょう。名前はこちらの自由です」

その男性が帰ったあと、私たちは困り果てました。

福島市で住職をしている友人に相談すると
「福島でそんなグループの噂なんて聞いたことがないし、やったとしても実現しないよ。加盟する寺なんてあるわけない」

仙台でも同様の理由から、おそらくそのビジネスモデルは成り立たないだろうという確信はありました。

しかし起業だけなら可能です。「みんなの寺グループ」の事務所を構え、派手に広告を打ち宣伝されるだけでも、うちのお寺にとっては十分すぎるほどの痛手です。

「いつかみんなの寺に行ってみたい」

「何かあったらみんなの寺に頼もう」

新聞や雑誌の記事を切り抜いて持っている人。お友達からお寺の噂を聞いて知っている人。潜在的な来訪者は、まだたくさんいるはずです。

そんな方々がいざみんなの寺にアクセスしようとしたときに、間違ってそちらのほうに行ってしまったら？　もしくは、みんなの寺が新たにそんな活動を始めたと誤解されでもしたら？　考えただけでも恐ろしいことでした。

その男性の名前をインターネット検索したところ、山形県の墓石店の社長さんであることが判明しました。

新たに仙台圏の葬儀業界に進出しようという意図だったのでしょう。なるほど、グループを立ち上げようとする理由も納得できます。

「それならどうして最初から、そう言ってくださらなかったのだろう」

ますます不信感が募りました。

この時点でみんなの寺の檀家さんは百軒ほどに増えていました。そのほかにも、行事に参加・協力してくださる方、遊びに来てくださる方、地域の皆さん、業者さん。たくさんの方にご縁をいただき、支えられています。もう私たちふたりだけのお寺ではありません。

みんなの「みんなの寺」を守らなくては。そのためにどうすればよいのだろう。悩みました。

出した結論は「宗教法人になる」ということでした。

向こうは営利目的のグループですが、こちらは信仰によって支えられた、れっきとした「お寺」です。それを社会的に認めてもらうことにより、全く別のものであることを示す必要があります。法人が持つ信用や優遇を得て、お寺としてのお墨付きをもらうこと。

それが一番の策だと考えました。

やっぱり宗教法人になるしかない

「宗教法人にしたい」と強く意識したのは、そのときが初めてでした。

今まで興味が薄かったのは、宗教法人格の持つメリットをあまりよく理解していなかったことが一番の理由ですが、

「宗教法人の申請は手間がかかって面倒」

「なかなか認証がおりないらしい」

「法人化すると、毎年帳簿や財産目録の提出をしなくてはならない。役員会を開き議事録を残す

など、事務が煩雑になる」

そのような漠然としたマイナスイメージからも二の足を踏んでいました。

実はお寺を開いて間もない頃、宗教法人を担当する宮城県庁の私学文書課をふたりで訪ねたことがありました。

まったくの参考までに、軽い気持ちで「宗教法人になるにはどうすればよいのですか」と聞きに行ったのです。

「とりあえず、最低三年くらいの活動実績が必要になります」とだけ簡単に説明されて帰りました。

あと数ヶ月で、その三年が経とうとしていました。


しかし一体何から手をつけてよいものか、見当もつきません。

宗教法人を新たに立ち上げるなど、頻繁に聞く話ではありません。特に包括寺院ではなく、最初から単立寺院を立ち上げた人などもちろん思い当たりませんでした。

マニュアルがあるわけでもなく、「これとこれを用意すれば必ず大丈夫」というものでもなさそうです。

あれこれ調べているうちに、県の行政書士会のホームページにたどり着きました。その中に、宗教法人がご専門と書かれた先生の名前を見つけました。すぐに電話で問い合わせ、アポイントをとることができました。

庄司伊美子先生という、終始おだやかな物腰の、優しそうな女性の先生でした。

ご自宅の一室の事務所で話を聞いていただきました。庄司先生はいくつかの質問ののち、

「取れますよ。大丈夫です」

そう太鼓判を押してくださいました。

信者もいる。宗教施設もある。定期的な宗教行事も行っている。そしてまもなく、活動開始から三年が経つ。

「あとはそれを証明する書類をそろえて、提出するだけなんです」

要となるのは、どんな内容の書類を集めるか。つまり、いかに信憑性のある資料を作れるかということのようでした。

一番最初に、どの程度まで庄司先生にお手伝いいただくかということを相談しました。

「自分たちでできることに関しては、全て自分たちでやります」

夫はそう話しました。

過去に庄司先生が法人立ち上げに携わったあるお寺は、資料や規則作りはもちろんのこと、役員さんの住民票や印鑑証明取得のような細かい雑用に至るまで一切合財を委託し、顧問料は百万円ほどになったと聞きました。

私たちには潤沢な資金があるわけではありません。しかしその分時間とやる気はあります。関係省庁を廻るのなんてお安い御用、フォーマットに沿って資料を作るのもそう難しくなさそうです。

庄司先生にアドバイスいただきながら、挑戦してみることにしました。

宗教法人がご専門という先生はそう多くないと思います。まして庄司先生は、宗教法人立ち上げの経験もあるベテラン。これほど頼もしい味方はありません。

まず一番最初に決めなくてはならない最重要事項が、お寺の役員を決定することでした。

住職である夫は代表役員となりますが、ほかに最低でも責任役員二人、檀家総代三人、会計監査一人が必要です。趣旨を一から説明し、引き受けてくださる方を探しました。

檀家総代さんに最初にお願いした仕事は、山のような書類への捺印でした。「宗教法人みんなの寺設立に同意する」旨の印鑑。「宗教団体証明書」に印鑑。「宗教法人みんなの寺設立の公告」をしたことに対する証明の印鑑。「宗教法人みんなの寺規則の認証申請人が天野雅亮であることを認める」という印鑑。「総代就任受諾書」に印鑑。今までの宗教活動の「収支計算書」に印鑑。とにかく、あれにもこれにも印鑑、印鑑です。

責任役員さんからは「宗教法人みんなの寺」設立会議を開き残した議事録と、「責任役員就任受諾書」に印鑑。あとは「禁治産または準禁治産の宣告の通知を受けていない」「後見の登記の通知を受けていない」「破産の通知を受けていない」旨の身分証明書を自治体から取得し、なおかつ「未成年者ではありません」「禁固以上の刑に処せられたものではありません」という宣誓書にも記名捺印していただきます。「後見登記等ファイルに成年被後見人、被保佐人とする記録がない」という法務局の「登記されていないことの証明書」も添えます。印鑑登録証明書も必要です。

一方で夫は、庄司先生方からいただいたフォーマットに沿ってみんなの寺の規則、財産目録、教師（僧侶）名簿・役員名簿を作成しました。

境内地の土地・建物の図面を法務局から取り、「法人設立後、この土地と建物を寄付します」という寄付証書も作ります。

　また、過去三年分の「収支計算書」を年ごとに作成し提出しなくてはなりませんでした。しかしこれは、開山以来の帳簿を完璧につけていたためさほど苦ではなかったようです。領収証関係も抜かりありません。帳簿はそのまま「何月何日、何々家の何の法要を行った」という証明にもなります。

「お寺の活動実績を証明する資料は、多ければ多いほどいいです」

　その言葉通り、お寺の外観・内装写真やホームページの表紙画像、過去にポスティングしたチラシのコピーなど、とにかくお寺の活動に関係あると思われるもの、なんでも資料として盛り込みました。今までホームページを作り、活動の記録を詳細に残していたことが幸いしました。いつどんな行事を行い、参加者が何人いたのか。全て写真つきの正確な資料を提出できました。また市民センターや各種団体から講演を依頼された際にいただいた、依頼書やチラシのコピーも添えました。

　三年間という活動期間を証明するためには新聞や雑誌の記事が役に立ちました。はっきりと「二〇〇二年十月二十五日開山」と記載されている記事が複数あります。

　全ての資料をＡ４判で作成し製本すると、二センチもの厚みになりました。

トントン拍子に認証の快挙!!

宗教法人格申請の準備に着手したのが七月。「宗教法人設立申請書類」一式を整え、認証申請したのが十一月。そして晴れて認証されたのは十二月五日でした。

その間、審理が滞ったり書類不備で差し戻されたりといったことはなく、全てがストレート、スピーディー、スムーズに進行しました。

県庁の担当職員さんは、私たちが三年前に訪ねたことをはっきりと憶えていてくださいました。また、新聞記事もご覧になっていたそうです。それで最初から好感触で、親切にご指導いただくことができました。

加えて、宗教法人関連で実績のある庄司先生と一緒の申請だったため「庄司先生が顧問なら間違いないだろう」という信用も大きかったのだと思います。

そういったわけで、あちこちの役所で必要書類を発行してもらったり、役員さんたちから印鑑をいただいたり、書類を作成したりといった手間はもちろん少なくはありませんでしたが「本当にひどい苦労だった、どうしようもなく大変だった」とは思いませんでした。

「あっさり取れてラッキー」というのが正直な感想です。

この「みんなの寺」の土地と建物は、夫個人の名義でローンを組んで購入したものです。そのため法人申請する際に「宗教法人になったらお寺に寄付します」という寄付証書を作成しました。

この時点で、住宅ローンがまだ八百万円ほど残っていました。抵当権が銀行に残っているままだと認証が受けにくいと庄司先生にアドバイスされ、北海道の両親に頭を下げて八百万円貸してもらい、ローンを完済しました。

その後無事に法人格を取得し登記の移転を済ませると、お寺から両親にお金を返済しました。

これでお寺はもう私たちのものではなく、名実共に「みんなの寺」になりました。

私たち夫婦はその法人に雇われた「代表役員」と「教師」です。今までと何ら生活は変わりませんが、「お寺の建物に宿直して勤務している」という形になります。

今までは個人事業主でしたので、お寺の売上から経費を引いた額がそのまま夫の収入とみなされ、そこに課税されていました。

法人化したことにより、夫も私も給料制になりました。毎月いくらという決まった月給から、社会保険料や厚生年金保険料、児童手当拠出金などを天引きして渡します。サラリーマンと全く同じです。

以前は国民年金、国民健康保険に加入していましたが、法人化してからは厚生年金、社会保険に加入できたことも大きな変化です。

法人化後、檀家さんが増えるにつれ、共同墓を建立したり新規に土地や建物を購入したりと、扱うお金も次第に大きくなってきました。そのため以前はさほど意識しなかったのですが、宗教法人が受けられる税制上の優遇措置が非常にありがたく思えました。

「みんなの寺グループ」が仙台にできると最初に聞いたときにはどうなることかと狼狽しましたが、このような事態でも生じてお尻に火がつかなければ、ものぐさな私たちのこと、きっと頑張って法人化しようとは考えなかったでしょう。

そういう意味ではあの男性の来訪が契機だったわけで、今では感謝したいくらいです。

肝心の「みんなの寺グループ」ですが、その後六年経った今でも、福島にも仙台にもできていませんし、できるという噂も耳にしません。

（庄司伊美子先生はこの一年後、二〇〇六年十二月にご逝去なさいました。生前のご恩に深く深く感謝申し上げます。）

コラム

宗教法人格を取るには？

うちのお寺の正式名称は「宗教法人みんなの寺」といいます。お寺や神社、教会は、基本的にそのほとんどが宗教法人です。

宗教法人格とは、宗教団体に対し、法律が権利・能力を認めたもの。その法人格があれば、何がいいの？といいますと、まず、社会的な信用度が格段に違います。土地の購入、建物の建築、各種契約において取引がぐんと容易になります。次に、永きにわたり受け継がれるためのさまざまな優遇を受けられます。相続税がかかりませんので、財産保全の上でたいへん有利です。また、法人税がかかりません。固定資産税がかかりません。不動産取得税、印紙税、市町村民税・道府県民税……などなど、さまざまな税金が免除されます。（さらに詳しく知りたい方には『「ぼうず丸もうけ」のカラクリ』（ショーエンK／ダイヤモンド社）がおすすめです）

そして信者さんたちの心の支えである礼拝施設（本堂など）は、金銭債権のための差し押さえが禁止されています。お寺は、こんなにも手厚く法律によって守られているんです。

そのため、「うちは宗教団体じゃないけど……宗教法人格が欲しい！」というとんでもない人たちも現れます。休眠しているお寺の法人格を買い取り、暴力団が風俗店を経営……などという話も聞きます。そのようなケースが多い地域では、新規の宗教法人格を取るのが非常に難しくなっているそうです。

特にオウム真理教事件以降は困難になっているという噂です。

宗教法人の所轄庁は、基本的に都道府県知事ですが、県をまたぐ範囲の規模であれば文部科学大臣です。宗教法人格を認証してもらうための条件は何だと思いますか？

教義が「正しい」こと？　いえいえ、お役所はそんなところは見ません。第一、それは客観的な判断がつかないじゃないですか。「宗教団体であることの確認」「宗教性の確認」「団体性の確認」が客観的にできるかどうかが唯一のポイントになります。

第一に、礼拝施設があること。

宗教行事を行うための固有の施設があるか。誰しも自由に出入りできる公共性のある構造かどうかもポイントです。なんとこの施設、賃貸の部屋でもいいのです。しかし、銀行の抵当権がある、つまりローンがあると認められません。

さきほど「礼拝施設は金銭債権のために差し押さえできない」と書きました。回収できなくなったら銀行は困りますから、個人の負債を宗教法人の負債へと移行するのが難しいのでしょう。

第二に、教義が存在し、それが宗教活動上で実質的に生かされていること。これがなければ宗教とは言えませんね。教義はきちんと文書化して提出します。

第三に、宗教行事が行われていること。儀式行事がきちんと定期的に行われ、何人くらい参加しているかが審査されます。儀式の内容や方法については規定されておらず、それぞれの団体に任されています。

第四に、信者がいること。個人活動ではなく、団体活動であるとの証明です。信者や役員が代表者の親族ばかりでは不適当です。

法人申請には、信者数五十人がひとつの目安と言われます。みんなの寺では百名あまりの信者名簿を提出しました。

その他、団体性を証明するために、団体としての規約、役員名簿や議事録、財産目録など、提出書類は山のようにありました。提出するべき書類や資料は所轄庁により異なる場合がありますが、参考資料は多いほど良いと思われます。要は「宗教団体としての実績」を証明できればよいのですが、その証拠となる書類をそろえるのが大変なのです。

私たちはお寺をつくった当初、「何が何でも宗教法人格を取ろう」とは考えていませんでした。別に取らなくても不都合はないし……役員会議したり、提出書類も増えるし、面倒くさそう……などと考えていたのです。それが、あるきっかけから急に「宗教法人をとろう！」と動き出したわけですが、ホームページに活動の様子を載せるために、行事ごとにたくさん写真を撮ったり、日にちや参加人数を記録していたのが大いに役に立ちました。

また、法人申請では「いつから活動を始めたか」の証明も、とても大切になるのです。

宗教法人設立の申請には、最低三年「以上」の継続した活動実績が求められるからです。もちろん、要件を満たすかどうかがあいまいな場合は、さらに時間を要します。

みんなの寺の場合、新聞や雑誌での寺開山の記事を書いていただいたことが、「確かに二〇〇二年二月から活動を始めた」という良い証拠になりました。

お寺をつくりたいという方から

「宗教法人になるにはどうしたらいいですか？」「宗教法人格を取るのは簡単ですか？」というご質問をよく頂戴します。

所轄庁の認める要件を満たし、その証拠となる書類をそろえれば理屈の上では認証されないはずはないのですが、前述したように法人格のとりやすさは地域によって大いに異なると聞いています。

ですので「こうすれば絶対大丈夫」とはお約束できません。

宗教法人格があれば宗教活動がしやすくなることは事実ですが、法人格がなくても活動はできます。

どこも最初は法人格を持たない「任意団体」からのスタートです。

まずは目の前の信者さんのために精一杯やっていれば、結果はあとからついてきます。

帳簿や活動記録だけはしっかり残すように心がけて、あとは突き進むのみです！

（参考文献『図解 宗教法人の法務・会計・税務』日本テンプルヴァン株式会社・朝日税理士法人・朝日ビジネスソリューション株式会社編／中央経済社）

コラム

「みんなのお墓」もできました

みんなの寺に墓地はありません。

みんなの寺の檀家さんの多くは、仙台市営墓地か、民営墓地の「みやぎ霊園」にお墓をお持ちの方がほとんどです。

仙台市では、泉区の北西部に大規模な市営墓地「いずみ墓苑」をつくり、現在も造成を続けています。ほかに、既にいっぱいになり新規募集は停止していますが「北山霊園」「葛岡墓園」という市営墓地もあります。

仙台宮城インターチェンジの近くの「みやぎ霊園」は財団法人の運営する墓地で、こちらも宗旨宗派を問わず分譲しています。

どのような形態の墓地にせよ、一般的に墓地には「承継者」、いわゆる「あとを守る人」が必要です。

墓地を管理し年間の管理費をきちんと納める承継者がいなくなった場合、その区画は更地にして返還するという規約がどの墓地にもあるはずです。

もし承継者が行方不明になった場合、管理者が墓前に一定期間看板を立てるなどして告知し、それでも連絡がつかない場合はお墓を撤去します。

誤解されがちですが、お墓の分譲とは「土地」を買っているのではなく、「お墓を建てて使用する権利」を買っているのです。ですから承継者がいなくなった場合は返還しなくてはなりません。

しかし昨今では、結婚されない方、お子さんのいらっしゃらない方、お子さんが娘さんだけの方も大勢います。

「お墓を建ててもその後守っていく人がいない」というのは、決して珍しい話ではなくなりました。

またたとえお子さんがいても
「将来子供たちがどこに住むかわからない」

「お墓を立ててしまうことで負担をかけたくない」

という考えの方も少なくありませんし、「○○家の墓」という形にこだわらず散骨や樹木葬といった形態を希望される方もいます。

そんな中、みんなの寺にも

「誰でも入れて、のちの承継者が要らない共同墓を作って欲しい
という要望が徐々に届くようになりました。
私たちもその要望の受け皿となる共同墓について、漠然とですが考え始めました。

とはいえ新規に墓地を開発する、たとえばどこかの土地を購入して造成するということは法令上の問題からたいへん困難で、現実的には不可能に近いです。

既存の墓地のどこかに土地を借りて建てるほかありません。


そこでみやぎ霊園に相談しました。

みやぎ霊園の中には、教会や各種宗教団体の共同墓がたくさん建っています。

ただ先立つものもありませんでしたし、どれくらいの規模でつくればよいのかも想像できません。

お話を聞きながら勉強し、いろいろな共同墓も参考にさせてもらって、いずれは自分たちも
……という程度の気持ちでした。


話が急展開したのは、宗教法人格を取った次の年のことです。

「四坪のまとまった土地が空きましたので、いかがですか」とご連絡をいただきました。

その土地は、周囲も同じくらいのゆったりとした区画に囲まれ、青い山並みや桜の木々が目の前に広がるなかなかの好立地でした。価格も思ったほど高くなく、それならと購入を決意しました。

みやぎ霊園所長の星野大志さん自ら設計してくださった共同墓は「ヒマラヤをイメージした」という階段状の作りでした。手前が低く、奥に行くほど高くなっています。ひとつひとつの階段の蓋を開けると三十センチ四方を石で囲まれた納骨所になっています。深いところでは八十センチほどになり、ご夫婦やご家族、数人を一箇所に納骨できます。

この「家族単位で入れる共同墓」というのが、星野さんの秀逸なアイデアでした。

階段状の「個別埋蔵部」の一番奥には高さ二メートルほどの大きな墓石が建っています。背面の扉を開けると三段の棚になっていて、そこに骨壷を収蔵できます。ここが「骨壷収蔵部」。また棚の最下段は土を敷いていますので、さらしの袋に移し替えて地面へも納骨できます。ここが「合祀散骨部」です。つまりひとつの共同墓のなかで、三つの納骨方法を選べるわけです。

仙台近郊では、全骨をさらしの袋に移し替えて納骨するのが一般的です。さらしの袋がいずれ破れ「土に還る」ということを重んじる方が多く、納骨を急ぐ方は「早く土に還してあげたい」

とよくおっしゃいます。

ただ骨壷のまま納骨すると「移転が容易」というメリットがあります。合葬してしまうと後からおひとりだけ取り出すわけにはいきませんので、骨壷収蔵部は「将来移転する可能性もある」という方に需要があります。

関西ではそもそも全骨ではなく一部しか収骨しませんし、骨壷のままお墓に入れる地域も多いです。納骨に関する習慣、心情はたいへん地域差が大きいと感じます。


共同墓の永代使用料は、ご家族単位の「個別埋蔵部」が三十万円。「骨壷収蔵部」が十五万円。みなさんと一緒に合葬する「合祀散骨部」が五万円と定めました。納骨以降の年会費や管理費などはかかりませんし、もちろん承継者も必要ありません。

仙台市営墓地にも共同墓はあり、費用は三十万円弱です。しかし、経済的な事情や故人との関係から埋葬にあまりお金をかけられないという例を今までに多く見て来ました。そのようなケースでは、三十万円は決して安くない額です。できればもっと安価にできないものかと検討して、額を設定しました。おそらく市内で最も安価であると思います。


完成したのは二〇〇七年の五月。

正面には夫の書いた「諸行無常　諸法無我　一切皆苦　涅槃寂静」の文字を入れました。四法印《しほういん》といって、仏教の核心を突く文言です。

当初は「お子さんのいらっしゃらない方」を主に想定してつくった共同墓でしたが、蓋を開けてみると、お子さんの有無に関わらずさまざまな方からお申し込みをいただきました。お墓をご縁として檀家になる方も増えました。

安価であること、維持管理の面でも合理的であることのほか、お寺が管理する共同墓なので、お彼岸やお盆の法要を始めずっと供養してもらえるのはありがたいという声も多かったです。

特に「個別埋蔵部」が人気で、四十二あった区画が三年ほどでいっぱいになり、二〇一一年には新たに「個別埋蔵部」メインの共同墓を同じ霊園内にもう一基建てました。

このような共同墓の建立・運営は、個人ではなかなか実現できない事業であろうと思います。費用の規模や社会的信用など、様々な条件面からも、宗教法人になったからこそできたことです。

納骨した方から「これで安心しました」「このようなものをつくってもらえて、ありがたいです」とおっしゃっていただけて、私たちもご要望に応えられて良かった、法人化して正解だったと改めて思いました。

その3

「お寺をつくりたい人へ これぐらいは知っておこう」

宗教法人法について

戦前・戦中に国が国民に国家神道を強要したことを反省して、現在の日本国憲法では第二十条に【信教の自由、国の宗教活動の禁止】が明文化された。一方、【宗教法人法】は、国民がその「信教の自由」の権利を行使する際に守らなければならないルールである。

しかし、日本国憲法第二十条は国家が宗教活動に介入することを禁じているために、宗教法人が守るべきルールは決して多くはない。法に則って法人設立の申請がなされれば、行政は基本的に宗教法人の設立を認めなければならない。

宗教法人は、その主な事務所が存在する都道府県の担当窓口が、その「認証」を行うことになっている。申請先は文化庁が毎年編纂する「宗教年鑑」に詳しく掲載されているが、県庁の総務部内に置かれていることが多い。ただし、設立しようとする法人の主になる事務所と別に他の都道府県内の境内に建物がある宗教法人や、宗教法人を包括する宗教法人、他の都道府県内にある宗教法人を包括する宗教法人と言った大きな規模を持つ宗教法人は文部科学大臣が担当する文化庁が申請窓口になる。

法に則っていれば宗教法人は簡単に設立できそうだが、行政側は設立の「認証」に時間と手間をかけさせることで防ごうとしている。苦肉の策と言えないこともないが、憲法も絡むデリケートな問題だ。

法人認証の第一のハードルは宗教法人は宗教活動を行うための土地と建物がなければならない点である。所有権までは要求されないことが多いようだが、土地と建物のどちらかがお寺の所有でないと認められない例が多い。もちろん借金の担保になっていてはダメである。

土地と建物が手に入っても、すぐに認証されることはない。天野さんの経験でもわかる通り、法人設立の相談を県などの各窓口でしてから三年間は、寺として試運転させられるのが普通だ。法人になると提出を義務付けられる収支計算書や財産目録などの書類に準じたものを実際に作成して、報告しなければならない。こうした手間と時間がかかるため実態のない宗教法人を排除する一定の効果がある。しかし、設立が難しいために休眠している宗教法人の売買が闇で行われる問題が近年起こっているのも事実である。（編集部）

第八章
「お寺の奥さんになんか、なりたかったんじゃない」

出産と雪解け

結婚して四年が経とうとする頃、ようやく私のおなかに赤ちゃんがやってきました。

私たちの赤ちゃん。念願の赤ちゃん。

生まれたら大切にお世話をしよう、いろんなところにお出かけしよう、大きくなったらこんな風に遊んであげよう……生まれる日が楽しみで、待ち遠しくて仕方がありませんでした。


出産は想像以上の難産でした。暮れも押し迫った十二月三十日の朝、一日半もの陣痛に耐えて産んだわが子は、三キロジャストの丈夫な女の子。生まれると同時に、元気な産声をあげました。

分娩台の上で力を使い果たし息も絶え絶えの私は、小さな小さな体を宝物のようにそっと抱えました。

真如を知りますように、如理を生きますように。あるがまま、ありのまま、余計なものも足りないものもない人生を全うして欲しい。

そんな願いをこめて「如乃（ゆきの）」と名づけました。

「女の子が産まれました！」

産後、泥のように眠り続けた私に代わって、青森の実家に第一報を入れてくれたのは夫でした。

実家とはそれまで全くの音信普通だったわけではありません。少しずつですが、私と母は電話で連絡をとりあうようになっていました。

お寺は今こんな感じ、今年の収入はこれくらいだった、今度こんなことをする予定だ……と折に触れ報告する中で、私達のやっていることを徐々にでいい、わかってもらえればと願っていました。

しかし父とはまだ疎遠なままでした。

私の退院に合わせて、母が一週間ほど泊り込みで育児の手伝いに来てくれました。

母は自分の両親や姉には私のことを正直に相談していたようです。

それで、私が出産することを知った母方の祖父が

「和尚様に炊事させるわけにはいかないだろう。お前が行って手伝え」と母に言ってくれたそうなのです。

母は私と同じ部屋で寝起きして、炊事や掃除はもちろん、娘のお風呂や着替えも手伝ってくれ

ました。

「お産したあとは水も触ってはいけない」と昔の人は言ったそうで、母も私を産んだときは実家で一ヶ月休養したという話を聞かせてくれました。

ともすれば無理をしがちな産後。当初は夫婦ふたりで乗り切る予定でしたが、母が来てくれたおかげでゆっくりと回復することができました。本当に助かりました。


ただ私は、この生まれたばかりの小さな娘を、父にも見て欲しかったのです。

おなかの中で大事に大事に育て、死ぬほどの苦しみを経てこの世に生み出した、可愛い娘を。父の初孫を。

「お父さん、やっぱり来ないのかな」

そのつぶやきを受けて、母は「今日は休みで家にいるはずだから」と実家に電話してくれました。しかし電話の声の調子から、父が難色を示していることは容易に想像できました。

受話器を置いた母は
「お父さん、やっぱり来ないって」

その声を聞くやいなや、期せずして私の頬を涙がぼろぼろとつたいました。

母はそれを見るとすぐに受話器を持ち直しました。

「お父さん？　和公、泣いてるよ。来なさい！」

新幹線降りたら、西口から出て。十三番のバスに乗って。北中山一丁目で降りて。一通りの指示をしたあと、振り返った母は
「この可愛いのを見に来ないということがあるか！」と笑いました。

少し緊張した面持ちで玄関をくぐった父を、どんな顔で出迎えたのか憶えていません。案内されて部屋に入った父は、生まれたばかりの娘の顔を見て
「ほーっ、ほっ、ほっ」

歓声とも笑い声ともいえない愉快そうな声を出して目尻を下げました。

そして慣れた手つきで娘を抱き上げると、さも愛おしそうに頬をくっつけたのでした。

その日の晩には北海道の両親も駆けつけてくれました。両家の両親は初顔合わせです。私たちは娘を囲んで一緒に夕食をとりました。

実際に顔を合わせていろいろな話をするうちに、今までの空白が急速に埋まっていくのを感じました。

また父も母も、「お寺をつくる」なんて夢物語のようなことを言っていた私たちが、しっかりと地に足をつけてお寺を運営している姿を目の当たりにして、安心できたようでした。

この日から、両親と私たちの間柄は元通りになりました。

娘がもたらしてくれた雪解けでした。

初めて育児は戸惑いばかり

こうして初めての育児がスタートしました。

娘はよく飲みよく眠る健康な子。

声を出して笑ってくれた、首が据わった、おもちゃを自分で握った……そんなひとつひとつの小さな成長が嬉しくてたまりませんでした。

毎日が飛ぶように過ぎていきました。

雲行きが怪しくなっていったのは、生後半年を迎えた頃からです。

お寺の仕事をしながら、平行して同時進行で育児をすることの大変さがどんどん増大していきました。

お寺には産休も育休も、休日すらもありません。退院したその日からお客様にお茶を出すなど、わりと普通に過ごしていた私。体力があったのか気が張っていたのか、さして大変だとも思いませんでした。

しかし生後半年ともなると赤ちゃんはぐんとパワーアップします。離乳食も始まり、お昼寝も午前と午後の二回に定まり、夜もしっかり眠るというリズムがついてくる時期です。

赤ちゃんは自分のリズムで生活していますが、大人はそうはいかず、時計に従って生活しなくてはなりません。そのズレが、苦痛の最初の原因でした。

抱っこでゆらゆら、やっと寝かしつけたと思ったら電話が鳴り、泣いて起きてしまいます。

離乳食開始のタイミングで来客があると、食べさせられなくなります。半分食べさせた時点ならべたべたに散らかった状態で、もっと大変です。

寝汗をかいた娘を入浴させたいと思っても、来客が途切れなければ時間がつくれません。日中ずっと予定が詰まっていると、外へ遊びにも連れて行けません。

ぐっすり眠れず、思い切り遊べず、時にはご飯さえ遅れてしまう、そんな娘が不憫《ふびん》だと感じるたびに落ち込みました。

一方で、お寺の仕事を満足にできないことも不満でした。

掃除したいのにできない。花の水替えをしたいのにできない。窓ガラスが汚れてる。来客の湯飲みがテーブルや流しに残されたまま。目に見える分、余計に気になります。

電話の応対も、来客の応対も、娘を見ながらではどうしても十分にはできません。途中で娘がぐずってしまい、話もろくにできないまま中断ということが何度も続きました。

お寺の仕事があるから、育児が満足にできない。

育児があるから、お寺の仕事が満足にできない。

私を蝕《むしば》んでいたのは、そんなどっちつかずの不完全燃焼感でした。

仕事をしたいときには娘の存在が、育児をしたいときにはお寺の電話やインターホンが疎《うと》ましく思えるようになりました。

どちらも大切なのに、どちらもしっかりとやりたいのに……。

「赤ちゃんのお世話をしながら、イレギュラーなお寺の仕事もしているんだから、どっちも完璧にできなくて当たり前。うまく折り合いをつけて、適当に息抜きしながらやっていけば……今は大変だけど、子供はそのうち大きくなるし……」

そんなごくごく当たり前の理屈も、頭ではわかるのですが、そう簡単に割り切れるものではありませんでした。

五倍に増えたお寺の仕事。両立なんて無理無理！

ちょうど娘を出産した半年後に共同墓〝みんなのお墓〟が完成しました。

檀家さんの納骨はもちろん、新規の方からのお問い合わせもたくさんいただくようになり、夫は説明や申し込み対応に追われました。

また不思議なことにその年を境に葬儀や法事などの依頼が急増しました。

今まで地道に活動していたことが功を奏したのか、地域の方やご友人からの口コミ、葬儀社さんや墓石店さんからのご紹介によるものがほとんどでした。

どれくらい忙しくなったのかと言うと、単純に法務件数だけで比較して、五倍に増えました。

その五倍に増えた法務を、私が育児で動けない状況の中、夫ひとりで勤めました。

今までは午前一件、午後一件くらいでご法事が入ると「忙しいね」と言っていたのが、土日は一時間おきに法事が入ることも珍しくなくなりました。市内一円はもちろん、県外へのお参りもありました。週末も平日も夫は駆けずり回り、早朝から夕方まで出たきりという日もありました。夫が丸一日いない日は、私ひとりで慣れない育児をしながら留守番です。いついらっしゃるかわからない来客のため、お寺は常にきれいにしておかなくてはなりませんし、お客様が帰ったあともすぐに元通りに片付けなくてはなりません。お寺での法要の場合、仏華やお供物の準備片付けもあります。大人数のお茶の用意ひとつとっても楽ではありません。その合間にも、電話はいつだって無遠慮に鳴ります。

その上娘を遊ばせて、食べさせて、おっぱいあげて、お昼寝させて、おむつを替えなくてはならないとは。

ひとりぼっちでの奮闘に、私はほとほと疲れ果ててしまいました。

奮闘していたのは、夫も同じでした。

その年のお盆、夫は激務のさなかにいました。

お寺での合同法要はいつも四回行いますが、そのほかに希望する檀家さん宅へのお盆参りや、初盆のお参りもあります。

お参り自体は十日ごろから開始しましたが、運転免許を持っていない夫は全て自転車でのお参りです。ただでさえ真夏の酷暑の中、黒い衣を着込んで。

その上、二件のお葬式も入りました。もともとの予定が詰まっているところに、パズルのように日程を組み込み、綱渡りでスケジュールをこなしていきました。

相当疲れていたことと思います。けれども愚痴ひとつこぼさず張り切って働いてくれました。檀家さんのために。私と娘のために。


けれどもそれに気づく余裕もなく、ひとりで苦しんでいたのが私でした。

夫がずっとお寺にいないことで、お寺の仕事の全てが私にのしかかってきます。それでも娘は容赦なくぐずり、おっぱいを欲しがります。

全く悪くない夫にも娘にも、そしてお参り依頼の電話にすらイライラし、「いい加減にしてよ！」と八つ当たりの感情が募っていきました。

夢の？　専業主婦へ

「もう私、やってられないからね！」

大ゲンカ、というより、一方的に私が爆発したのは八月十三日。お盆の夜のことでした。夫は何事が起こったのかと、鳩が豆鉄砲を食ったような顔です。止まることのない私の感情の流出は「もう無理だ」という白旗であり、「助けてよ」という悲鳴でした。

「ねえ、私、どうすればいいの？」

突然突きつけられた想定外の問いに、夫は答えるすべを持ちませんでした。夫は夫で、怒涛のような仕事をこなすことで精一杯。自分も疲れているのに、帰宅したら私を労わり、育児も家事も最大限に手伝ってくれていました。

よくやってくれている夫には申し訳ないのですが、それだけではもはやどうにもならなかったのです。

根本から何かを見直さなくては、もう一ミリだって前に進めない。

　私はまさに、そんな極限状態にありました。

「保育園に入れようよ。一時保育でも、せめて午前中だけでも」という私に対し、「せめて三歳くらいまでは家で育てよう」という夫。

　この話題に関しては、何度話し合っても平行線で結論が出ませんでした。

　外で働いている方でしたら選択の余地はないのでしょうが、私自身にも「家にいるのに預けるなんて」という葛藤はありました。出産前までは、育児もお寺の仕事も両立できると信じて疑っていなかったのです。

「今まで何とかなったんだから、この先もできるはず」という夫の意見も、あながち間違ってはいない気もします。

　しかし当然のようにそう言われると、

「あなたは自分が出かけている間、私がどんなに頑張っているか知らないから」と反論のひとつもしたくなるのでした。

　そんな折、ちょうど秋のお彼岸が終わった十月から十一月にかけて、お寺の大改装を予定していました。お寺のほとんどに工事の手が入る、二ヶ月もかかる大掛かりなリフォームです。

今までは本堂の隣にリビングダイニングがあり、その一角を事務所として使いながら生活していたのですが、毎年法要への参加者も増え、スペースの限界が来ていました。

二十五人収容が限度だった本堂の壁を可動式にして、隣のフローリングの部屋と連動して使えるようにすること。そのため私たち家族の生活スペースを全て二階に移動すること。

一階と二階、公私のスペースの完全分離。それが工事の目的でした。

空間を有効活用するため玄関や階段の位置も移動します。屋根裏を限界まで拡張し、二階は事務室を併設した2ＬＤＫの住まいとなります。一階の流しは来客用としてコンパクトなものに付け替え、二階に家族用の大きなキッチンとトイレを新設しました。

工事中はお寺の残った部屋に荷物を山と積むため、とても家族では生活できません。歩いて五分のところにアパートを借りて仮住まいすることになりました。

夫は留守番のため日中はお寺に待機しますが、私と娘は工事が終わるまでは、ずっとアパート暮らしです。

そう。

期間限定ながら「夢の？　専業主婦生活」が始まったのです。

朝食を終えた夫を送り出すと、娘を散歩に連れ出します。ほどなく娘が午前のお昼寝に入るので、帰ってから洗濯などの家事を済ませます。

娘が起きると、午前中は近所の児童センターや公園で遊ばせたり、図書館に同行させたり。お昼の離乳食の後は本格的なお昼寝タイムです。私もいつも一緒に眠りました。

夕方にはスーパーに食材の買出しに出かけ、夕飯の支度を終えた頃に夫が帰ってきます。夕食とお風呂が済むと、娘の寝かしつけ。この時期は少し寝ぐずりがひどく、抱っこひもにいれて屋外を歩かないと寝ないという難しい時期でしたが、それでも八時過ぎには眠ってくれました。

それ以降は楽しい大人の時間！　図書館で借りた本や雑誌を眺めながら、美味しいコーヒーでゆっくり。至福のひとときです。


予定外の来客はありません。お昼寝を邪魔する電話も鳴りません。

娘のリズムだけに合わせて遊ばせ、寝かせ、ご飯を食べさせる。なんて余裕のある毎日。家事も予定通り進み、規則正しい生活がおくれます。

明日はどこに連れて行こうかな。ああ私、「子育て中のママ」って感じ！

二週間で飽きました。

「明日はどこに連れて行こうかな」が、ほどなく「今日はどうやって時間をつぶそうかな」に変わりました。まるで時間を無駄使いしているような空虚感。

相変わらず忙しそうにしている夫に比べて、毎日代わり映えのない私。三食ご飯を作って、お茶碗洗って、掃除洗濯して……。児童センターで出会うお母さんたちとは、子供の話ばかり。

この無限ループが、まるで監獄であるかのように感じられました。

「早くお寺に戻りたい」

すぐに夫に泣きつきました。

そんな私のＳＯＳを、夫は理解できないようでした。

「お寺の仕事をしながら育児をするのは辛い」という。

「専業主婦の暮らしも辛い」という。

当然です。私自身、自分の苦しみの原因が何なのかをはっきりと説明できなかったのですから。

しかし今まで一心同体であるかのように意気投合してきた夫と、初めて「通じ合えない」状態になったのは悲しいことでした。

いまや完全分業の私たち。夫はお寺、私は育児。気づけば遠く深く埋められない溝ができていました。

夫とはいつも、何をするにも一緒でした。

私のことをわかってくれるのも夫。一番の味方になってくれるのも夫。

しかしその夫との間に齟齬《そご》が生じた今、どうしてよいのかも分からなくなってしまいました。

完全に八方塞がりでした。

「お寺の奥さん」になんか、なりたかったんじゃない

子供を預けて、お寺の仕事に集中できれば解決するのか？

そういう問題ではない、ということはうすうす勘付いていました。

お寺と育児で忙しすぎても不満。育児に集中できる主婦になっても不満。

「お寺の奥さん業」と「専業主婦業」。

この二つに共通して感じた不満の正体は「やりがいのなさ」でした。

忙しいから苦しんでいたのではありません。忙しくても、自ら望んで奮闘していたのならば、充実感が得られたのならば、不満には思わなかったはずです。


不満は、お寺がどんどん忙しくなって、新規の来客も増えていくに伴い顕在化してきたものです。

禅宗隆盛のここ東北は、尼僧さんすらめったに見かけない土地柄。法務をしたりお説教をしたりするお寺の奥さんも少ないです。

「お寺の奥さんは、お坊さんである夫のサポートをする主婦」というイメージが強いのでしょう。

私が電話に出ても、第一声は「住職さんいますか?」。留守の場合、何の用件なのかさえ私には言付けてくれません。

また、何か用事があってみえたはずのお客様が、赤ちゃんを抱いた私を見て
「あっ、赤ちゃんがいらっしゃるのにごめんなさいね」

と用も言わずに帰ってしまわれたこともありました。

インターホンが鳴って玄関に出ると、見知らぬ人に開口一番「あー、奥さんじゃわからないよ

ねー」とがっかりされたこともあります。

私が若いせいもあるのでしょう。また、子供がいることで気を遣ってくださった方もいるのでしょう。しかし、ショックでした。

「どうして私に聞いてくれないんだろう……」

仏事のことに関しても、教義のことに関しても、夫には及ばないにしろ、一通りはお答えできる自信があります。ましてスケジュールについてすら聞いてもらえないなんて。

ふたりでつくって、ふたりでやっているお寺なのに、私が女性だから期待されていないのかなぁ。私は電話番にすらなれないのかなぁ。

自分に「奥さん」以上の期待をしてもらえないことが、本当にこたえました。

それで当時の私がしていたことは、電話番と、お茶出しと、夫の送迎。あとは掃除や法事準備などの、いわゆる裏方仕事でした。

もちろん裏方仕事を軽視しているわけではありません。掃除も雑用もなくてはならない大切な仕事だと理解していますし、お寺をうまく回すことには喜びを感じます。面白いです。

しかし「私はこれがしたくてこのお寺に来たのだろうか」という問いがどうしてもついて回る

のです。泣いて止める両親を振り切ってまで望んだ生活は、これだろうか、と。

これが「お寺の奥さん」の仕事の全てならば、私は「お寺の奥さん」になんか、なりたかったんじゃない。

その思いを払拭できず、ひとり悶々と悩む日が続きました。


仏教が好きで、お寺をやりたくてここに来たはずでした。

誤解を恐れずに言えば、夫が好きで結婚したのではなく、夫がつくるお寺の坊守をやりたくて結婚したのです。

「寺は坊守でもつ」と教わりました。坊守あってのお寺なのだと。坊守は門徒さんたちの「念仏の同行者」であり、お寺の牽引役なのだと。身震いするほどのワクワクを感じました。

でも、そんなことは求められていないのかな。

きちんと子育てして、お寺をきれいに掃除して、にこにこ愛想のいい人であればそれでいいのかな。

でも、それなら別に私である必要はないはず。むしろもっと適任の人がいるはず。

お寺を開いてすぐの頃は、ふたりで創意工夫して頑張っていました。力を合わせてビラ配りして、知恵を出し合って行事を開催。二人三脚で頑張ることが、泥臭くも楽しい日々でした。

みんなに「雅亮《がりょう》さん」「和公さん」と呼ばれていました。それが、お寺が軌道に乗り「住職さん」「奥さん」と呼ばれ始めた頃から歯車が狂い始め、出産が決定打となりました。

どん底のなかで見えた一筋の光

落ち込みのどん底にいたあるとき、何かの拍子に夫にこう尋ねました。

「がりょうちゃんも、私に「お寺の奥さん」に徹して欲しいと思っているんでしょう」

夫は驚いたように、即座に
「とんでもない。和公には、どんどん活躍してもらわないと困るんだから」と言いました。

その言葉を聞いて、私ははっとして顔を上げました。

「俺はずっとそう言っていたじゃない。主婦になって欲しいなんて頼んだことなんか、一回もない」

そうなのです。夫はお寺を開いた当初から、私も法話会で話すように、お参りにも行くようにと熱心に勧めていました。それなのに夫の陰に隠れ続けて、決して出て行こうとしなかったのは私のほうでした。

「若いお姉ちゃんが来た、と驚かれたらどうしよう」

「上手に話す自信がないから」

そんな思いから、夫の補助としてついて行くことはありましたが、単独でお参りしたことは本当に数えるくらいしかありませんでした。

悩み事相談の来客があっても、若い自分では力不足な気がして、応対は夫に譲りお茶汲みに徹していました。


しかしそんな姿しか見ていない檀家さんが住職だけを頼るのは当然ですし、私はいつまでたっても進歩しません。簡単な短いお経も暗記できてないし、法話だってできないままです。


夫はずっと私に「奥さんの仕事」だけに留まらず、「坊守の仕事」をして欲しいと願っていたのです。いいえ、「和公の仕事」をして欲しいと期待していたのです。

補助要員ではなく、パートナーとして切磋琢磨し合いたいと思っていたのです。

けれどもそれを無理強いすることはおろか、子供が生まれてからは、一言も口には出しませんでした。

おそらくは、私が子育てに苦労している様子を見て、言い出せなかったのでしょう。もしくは私がやる気になるのを待っていたのかもしれません。

苦しみの原因は私自身にありました。

「自分にしかできないことをしたい」

そう現状への不満だけを口にしながら、「自分にしか提供できない価値」を磨いてこなかった、格好悪い人間が私でした。

子供がいないうちに、時間はいくらでもあったのに。

明確に目標を持って積み重ねてきていれば、自信も経験も得られたのに。

気づいたときには、時既に遅し。小さい子がいて、自由に身動きもままなりません。まるでアリとキリギリスです。

しかし、「反省はしても後悔はしない」のが仏教徒の生き方であると、ミャンマーで教わりました。

尊敬するウ・コーサッラ師は三十歳で出家なさって、瞑想センターや大学で修行や勉強を重ねて、私が出会った三十八歳にはまさに行学兼備の僧侶となっていました。

私だって、きっとできる。まだ若いんだから。やる気があるんだから。

「まわりの人がこんな風に見るから」

「こうしていた方が無難だから」

と言い訳して、壁のこっち側で安住するのはもうやめよう。

痛みを伴っても、苦しくても、頑張ろう。私は、壁のそっち側に行きたい。少なくとも死ぬ間際に「私は最大限頑張った」と自画自賛して死にたい。「お母さんは自分の夢に向かって努力したんだよ」と子供に胸を張って死にたい。


そのためにも、自分が本当にこの人生でやりたかったことは何なのか、もう一度しっかりと考えよう。そう思いました。


夫と私、ふたりの夢は、「みんなの寺」をつくることでした。

夫のプロポーズを受けた瞬間に、理想のお寺のイメージをありありと描くことができました。

しかしその「みんなの寺」で、私個人はどんなことをしたかったのか。その点が残念ながらあいまいだったのです。

今度は自分の夢のイメージを描く番です。そのチャンスは、今をおいて他にはありません。

そう考えただけで、出口の見えないトンネルに一筋の光が差す思いでした。

私の夢は、何ですか？

「和公は、何かをやりたい人なんだよ」

夫はこう言って私を励ましました。

「やりたいという意欲と、実際にそれをやる才能があるから悩むんだよ。ポテンシャルが高いんだよ、きっと」

夫とまるっきり同じことをしたいのか？　というと、それは少し違うような気がしていました。だからこそ、最初から法務に積極的に出て行かなかったわけですが、じゃあ何がしたいのかと、はっきりと説明はできませんでした。

私の夢は、何だろう？

「どうせお茶汲みにすぎない」と自分で自分の殻に閉じこもっていた私は、自分の中のその「やりたいもの」の正体を、目の前の仕事に全力で取り組みながら、またいろんなことに挑戦しながら、ゆっくりと探すことにしました。

夫と話し合い、娘は週三日保育所に預けることにしました。

まず、お彼岸法要で檀家さんを前に初めてお説教をしました。

その後も機会を見つけて、徐々にひとりでお参りに行くようにしました。お参りの後にも法話をします。最初はものすごく勇気が要りました。今でも少し緊張しますが、頭が真っ白になることは減りました。

私が行くことで「えっ、住職さんじゃないの?」とがっかりされないかと怖かったのですが、平気な顔して堂々とやっていれば、案外皆さんあっさりと受け入れてくださるものです。

「女性の、しかもこんなに若い人のお経を聞いたのは初めてです」と褒められると嬉しくなりました。

下手くそな法話に熱心に耳を傾けてくださる方のために、次はもっとお話を工夫しようと思えました。

また、ミャンマーから帰国して以来細々と続けていたミャンマー語仏教書の翻訳をブログで公開するようにしました。

公にするのだから生半可な訳ではよくないと翻訳にも身が入り、またわからないことはそのままにしないで調べたり聞いたりするようになりました。

読者からコメントいただけると嬉しく、徐々に難しい本に挑戦するモチベーションにもつながりました。

娘が二歳になった夏、夫の協力を得て、東京でのミャンマー語講習へも五日間泊りがけで参加しました。


二〇〇八年、ずっとホームページで公開し続けてきた絵日記が『みんなの寺絵日記～夫婦でお寺をはじめたよの巻』（サンガ刊）として書籍化されました。

これを期に、絵というツールをもっと使いこなせるようになりたいと、パソコン教室に通いグラフィックソフトの基礎を学びました。

それによって絵日記の描き方が今までとがらりと変わり、効率的になりました。

また、よそから執筆や講演のお声がけがあれば、勉強させていただくつもりで全てお受けしました。

雑誌や新聞にエッセイを寄稿したり、母校の東北大や市民センターで「ゼロからのお寺づくり」についてお話したりしました。

そして二〇一〇年に再び妊娠。なんと双子でした。

切迫早産で二ヶ月間入院の末、予定日よりも一ヶ月早いものの、元気な男の子がふたりも産まれました。

長男はガンジス川という意味の「恒河（こうが）」。

次男は日本人で初めてチベットに入境した僧侶、河口慧海《えかい》師にちなみ「慧海（えかい）」と名づけました。

その後、双子プラス長女の育児という大変な状況に突入しました。毎日がてんやわんや、上を下にの大騒ぎです。

お寺の仕事は忙しくなる一方で、私もお参りに出ないととても回りません。そのため双子はゼロ歳から保育所に入れることにしました。

出産翌月の彼岸法要では法話もし、二ヵ月後には漫画やエッセイを雑誌へ寄稿し、四ヵ月後からは法務も再開。

忙しさは娘ひとりの育児時代と比較できないほどですが、もう惨めさは感じません。子育てもお寺の雑用も、辛いとは思いません。

二度目の育児ということで慣れて大雑把になったせいもありますが、一番変わったのはもちろん、ほかでもない自分でした。

「何かやりたいことがあるはず」の「何か」の正体が、ようやく、ようやく、ぼんやりと見え始めてきたからです。

頑張れ、ニッポンの寺嫁！

「スーパー坊守になりたい」

苦悩の真っ只中に沈んでいた三年前、私のノートに書きつけられた一文です。

「仏教×女性の幸せ」を説くエキスパートになりたい。そして全国の悩める女性や働くママを勇気づけたい。

そのために「みんなの寺」を修行の場として、仏教をしっかりを学ぼう。いろんな方と出会って経験を積もう。

文章や漫画というツールを使って、「坊守・和公」にしか伝えられないことを、どんどん発信していこう。

それが私の見つけた答えでした。


私は長い時間をかけて自分の答えを、本の中に、仏教の中に探しました。

たったひとりの孤独な探索の旅。でしたが、いつも隣には夫がいました。

苦しい葛藤の日々にあったとき、相談できる相手は夫しかいませんでした。

その夫との関係がもし修復不可能なまでにこじれていたら、私はきっと文字通り孤立無援の状態になって、押しつぶされていたと思います。


夫は一貫して、「和公はできる」という態度で私を見守り、励まし続けました。

「お寺をつくるというふたりの夢は叶った。

今度は和公が、自分の夢を見つけて叶える番。

はやくその夢が見つかるといいね。実現するといいね」。

その応援が、どんなに心強かったことか。

私もそうなりたい。女性の可能性や、人生の楽しさ素晴らしさを開花させる人になりたい。

お釈迦様は「女性であっても在家であっても幸せに生きられる」と、太鼓判を押してくださっています。

人と生まれたからには、努力精進しなさい。多くの人の幸福のために、自分の能力を活かしなさいとおっしゃいました。

それならまず私自身が、仏教を実践する幸せな在家女性（ウパーシカー）になろう。今いる環境を最大限に活かして、誰かの力になろう。

せっかく仏教に出会えたのだから。お寺という場に恵まれたのだから。

そう決心して、私はトンネルを抜け出しました。新しい夢に向かって歩き出しました。

そしてもうひとつ、私には、だいそれた夢ができたのです。

「同じ立場の寺嫁さんの力になりたい」

日本のお寺、約七万五千ヶ寺。

日本全国に「寺嫁」と呼べる人は、少なく見積もっても相当な数がいるはずです。

それなのに。


寺嫁は、基本的にたいへん孤独な存在です。

同じ寺嫁同志でも、宗派が違えば交流はありません。では寺嫁の交流会や研修会を頻繁に行っているような大きな宗派に属していればよいかというと、そうとも限りません。

誰かしらが親戚である、同窓生である、知り合いであるという狭い世界であるからこそ、お寺の中でのゴタゴタや、家庭の問題、自分の心の悩みなど、踏み込んだ話はできないのです。むしろ、そんな話が外に漏れ出ないように必死に隠すのです。

かといって一般家庭に住む自分の親兄弟や友人に相談しても、お寺特有の特殊な悩みをわかってもらいにくい。

そんなわけで、たいてい寺嫁さんの悩みは自分の中に押し止められるか、解決できずに放置されるしかないわけです。そう、かつての私のように。


いいえ、もしかしたらほとんどの寺嫁さんは、ご自身の立場に何の疑問も不満ももたずに幸せに暮らしているのかもしれません。

お寺に嫁いで来たわけでもなく、義理の両親と同居しているわけでもない私に何がわかるのかと、と不快に思われる方もいることでしょう。

けれどももし、いつぞやの私と同じように、

「この状況を変えたい」

「新しいことに挑戦したい」

「自分にも何かができるはずだ」と、狂おしいまでに出口を探している寺嫁さんがいるならば。

私が、その人の味方になりたい。

大丈夫、私たち、きっとできるよ。一緒に頑張ろう、って背中を押したい。

心からそう思っているんです。

寺嫁。

その不思議な職業は、近代日本特有のものです。

お釈迦様の時代にも、他の国にもありません。

ロールモデルはありません。「寺嫁かくあるべし」な指標もないから、どんな生き方をするかは各人の手にゆだねられています。


パートナーである旦那様、嫁ぎ先のご両親、檀家さん、近くのお寺さんたち。

周りが自分に期待する「寺嫁像」との間に、ギャップはいついかなるときも生じると思います。

でも、親が命がけで産んでくれた、ふたつとないこの命。一日だって無駄にせず「完全燃焼したもん勝ち」じゃないですか、と私は言いたいのです。


今の私に具体的に何ができるのか、それはまだ思い浮かびません。

しかしここ東北の地から、小さな声をあげ続けていきたい。微力ながら、思いを発信し続けたいと考えています。


寺嫁はそれぞれの個性、無限の可能性を秘めた、隠れた鉱脈です。

男性住職とはまた違った方向から、この起爆剤を活用できたなら。

きっと日本仏教の未来だって変わる。

私、本気でそう信じているんです。

せっかく仏縁あってお寺に嫁いだ女性たち。みんな笑顔でキラキラ輝いていて欲しい。
私はこの二十一世紀の日本に燦然《さんぜん》と輝く、そんな「寺嫁の星」になりたい。
そして願わくは全ての寺嫁さんたちも、かくあれかし。
声を大にして、心からエールをおくり続けたいのです。
がんばれ、ニッポンの寺嫁！
輝け、寺嫁の星！！

コラム

みんなの寺の現在の檀家数は？　収入は？

檀家ゼロから始めた「みんなの寺」。まもなく開山九年を迎える二〇一一年夏現在、檀家数は五百軒になろうとしています。
この五百という数字には、少し註釈が必要かもしれません。これは厳密には檀家数ではなく「行事などのご案内を発送している数」です。ですから檀家登録し、毎年お盆やご命日にご供養していても「案内は不要」という方はこの数に入っておりません。

一方でご案内はお送りするものの、数年前に登録して以降全く音沙汰のない方もいます。お寺の法要に頻繁に足を運んでくださいますが、その方のおうちは他に菩提寺をお持ちだという場合もあります。

しかしそのような個々のいろいろな事情を含めて平均すると、「やっぱり檀家数は五百くらいかなあ」と思います。

どうしてこんなにあいまいなのかと言うと、お寺を開いてしばらくの間、ご縁のあった方に「今後檀家になりますか？　なりませんか？」という意思確認をきちんとしなかったからです。年会費を集めていなかったこともあり、当初は檀家・非檀家のボーダーをはっきりと区別する必要性をさほど感じていませんでした。

結果として、お葬式を一回だけ勤めてそのままご法事などの依頼はなくご縁が途絶えた方もいました。そうなるといろいろ不都合が生じてきました。一方的にご案内を送り続けるのも迷惑かも、と想像する一方、かといって勝手に名簿から消去するのも難しいと思ったのは、音信不通の方の中にも「さしあたって用事はないけれども、また何かあったらみんなの寺に頼もう」（潜在的檀家）という方と「みんなの寺には一度限りの読経を頼んだだけで、それ以降のお付き合いは遠慮する」という方がいたからです。

現に何年もたってから、「あの時お世話になったものですが、またお願いします」と連絡が入ることもありました。

それで遅ればせながら、檀家・信徒になるとはどういうことなのかを説明した上で、「檀家になる・ならない」「案内の要・不要」のご意思を確認するようになりました。

特に共同墓は基本的に檀家さん向けの設備ですから、皆さんのご事情をよくお聞きした上で、ご納得いただけるようお話しています。

みんなの寺は葬儀をきっかけとして入檀される方が大変多いので、ここ数年、葬儀は年五十件ほどです。これは同じ檀家数のお寺と比べて相当に多い件数だと思います。

また共同墓への納骨を希望して入檀される方も多く、平均して月五件くらいずつ新規の檀家が増えているという現状です。もちろん引越しなどで離檀される方もいます。続いて、みんなの寺の収入についてお話します。

お寺を開山した年、収入は二ヶ月で九十万円でした。翌年が六百万。その翌年が八五〇万……と、徐々に増えていきました。現在のみんなの寺の収入は、年二千万円ほどです。お布施による収入が千五百万。共同墓の懇志が五百万です。

法人化してから、夫と私の収入は給料制になりました。住職給与は月十五万。私は月五万です。法人化以降五年間ずっとこの額でやってきましたが、お寺の収入も安定し天野家の扶養家族も増えたことから、この二〇一一年の春に思い切って住職給与を二十五万円にアップしました。

お寺の収入から、私達の給与を含めた経費を引いた額がお寺に残ります。毎月の固定支出は二人分の給与、タウンページ広告、水道光熱費や通信費、ガソリン代など合わせて四十万ちょっとです。ですからかなり多くの額がお寺に残るということがおわかりいただけるかと思います。

お寺の収入に対し支出があまりに低く、バランスが取れていないことから、会計監査の役員さんからも「もっと給料を増やしてもよいのでは」と毎年指摘されてきました。しかし、収入はずっとコンスタントにあるとは限りません。

また給与額の改定には役員会の承認も必要ですし、一旦上げると下げるのは難しいため、なるべく変更がないようにと考えてこの額にしていました。

一般的な同年代の男性に比べて決して高くはありませんが、申し分のない額をいただいていると思っています。お寺に住んでいる私たち。「職住一体」というのはたいへん効率的で、本当にお金がかかりません。普段着も作務衣しか着ませんし、被服費も美容費もたいしてかかりません。

ですからぜいたくをしなければ十分に足りていますし、子供のための貯金もしっかりできています。

給与として自分たちの家計に回すよりも、お寺になるべく多く残して、皆さんに喜んでいただけるような使い方をしたい。そういう思いでしたので、お寺に必要と思われることには惜しまず使ってきました。

以下に、建物のローン返済を除いた大きなお寺の買い物を書き出してみます。全て現金一括で購入しました。

まず、二〇〇三年にコンパクトカーを購入。二〇一〇年、ワゴンに買い替え。

二〇〇五年に宗教法人格を取得した際、行政書士の先生へのお礼として三十万円。

二〇〇七年、共同永代供養墓建立。土地、お墓合わせて六百万円。

二〇〇九年、工期二ヶ月の大掛かりなリフォーム。一階を完全にお寺スペースにして、二階に住職家族の居住スペースを拡張する工事でした。八百万円。

二〇一〇年、瞑想会・行事用の建物として近所の民家を購入。千二百万円。

同年、檀家さんたちの瞑想やリフレッシュ目的で使っていただくために、泉ヶ岳の山小屋を購入。三百万円。

二〇一一年、共同永代供養墓をもう一基建立。六百万円。

そもそもお寺の経理は利害関係者（信者さん）なら誰でも見ることができるものです。

しかし今回、どうしてあえてお寺の台所事情を広く公開する気になったのかと言うと、「年会費寄付金なし」「お布施はお気持ちで」「檀家になるもならないも自由」という方針で檀家ゼロから始めたお寺でも、経営が成り立っている実例をご覧いただきたかったからです。

現在、経済的にはたいへん恵まれた状況にあると思いますが、それは「みんなの寺」の方針に賛同してくださる方、お寺を支えてくださる檀家さんの思いあっての結果です。

皆さんのお気持ちを受けてこういう状況にあるのですから、きちんと還元していきたい。お布施を受けるに恥ずかしくない使い方をしたい、と考えています。

檀家さんにも無理なく、私達も無理せず、末永く運営できるように。

コラム

第九章
再び、お寺を作りたいあなたへ

下積みのないところに、ラッキーはない

「お寺作り成功の秘訣」なんてありません。

「みんなの寺」が成功したのは、ラッキーの連続によるところが大きいです。
たまたまよい物件と出会い、町内の周りの方に恵まれたこと。
地元メディアに大々的に取り上げられ、好意的に紹介されたこと。
よい先生とめぐり合い、スムーズに宗教法人格が取れたこと。
全ては予想外の幸運でした。
しかしただひとつ、自信を持って言えるのは
「下積みのないところには、ラッキーもない」ということです。

夫は十九歳でお坊さんの専門学校に入学し、二年間勉強しました。そのうちの一年は勤労学生でした。
得度後は京都の北山別院で八年間、お参りと作務に明け暮れました。新米の僧侶として時に失

敗しながらも、あたたかくお育てをいただき、ご門徒さんとの接し方を肌で学ばせていただきました。働きながら大阪の学校に通い、真宗教学についてさらに学びを深めました。

その後一年半の海外生活で見聞を広め、宗教の役割を再確認し、自分のつくりたいお寺のイメージを膨らませました。

帰国してからは宗派の研修機関「伝道院」で、布教の訓練を受けました。

仙台別院に赴任してからは、宗教法人の事務会計の実務を積みました。同時に積極的に法務に赴き仙台の仏事に慣れるとともに、顔と名前を広く覚えてもらうことに成功しました。

またお寺をつくることは夫の悲願でしたから、それはそれは堅実に資金を貯めていました。一切の無駄遣いをせずコツコツと貯金し、三十三歳で開業資産一千万を用意しました。

そして長年本願寺職員として勤務したという信用を元に住宅ローンが借りられ、お寺の建物も購入できました。

夫が「みんなの寺」をつくったとき、わずか三十四歳の若造でした。

しかしここまでのステップのどこが欠けても、そのときの夫はなく、みんなの寺の成功もありませんでした。

同じく檀家ゼロの状態からお寺をはじめるにしても、みんながみんな同じ地点からのスタートではありません。

そこに至るまでに何を積み重ねてきたか、いわば裸の人間力が問われるのだと思います。

お寺を開きたいという方のなかには

「僧侶の資格はあるが、実際にお寺で働いた経験がない」「役僧の経験はあるが、お寺の運営面のことはよくわからない」という方も多いです。

お寺の息子さんが学校を出て、自分のお寺に戻り一から実務を積むのと、自分でお寺を開いてそこから始めるのとでは全く事情が異なります。

土台が整わないうちにいきなり自分のお寺を始めてしまうのではなく、もしどこかに勤めて経験を得られるなら、是非そうなさったほうがいいと思います。

ただし経験は仏教の世界だけに限りません。他で磨かれた人間的な魅力があるなら、それは大きな強みです。

齋藤無冥《むみょう》さんは宮城県出身。出家されたのは四十三歳と遅咲きでした。

過去には登米市の農家に婿入りし、農業を志した齋藤さん。人生の転機となったのは、最愛のお嬢さんの死でした。

先天性の病気を抱えたその子は、生まれてから一度も退院することなく、百日を待たずにその短い生涯を終えました。

悲しみにくれる中、菩提寺の住職に来てもらい葬儀の準備を進めた際に、義祖父は耳を疑うような一言を発しました。

「和尚さん、この子は一度もうちの敷居をまたがなかった子だ。一番安い戒名でいいから。」

悲憤の齋藤さんはお布施を手に住職に追いすがり「どうか手厚い供養を」と懇願したそうです。それが、修復のできない亀裂となったのかもしれません。婿入り先との折り合いが悪くなり、ついに離婚へと至りました。

娘と家庭と職業とを一度に失い、未来への希望も潰えた齋藤さんは、自暴自棄になりました。多額の借金のため、自己破産を経て、昼は風俗店店長、夜は飲食店店員の二足のわらじをはくようになりました。

ついには風俗店の摘発を受け留置場に拘留されることとなります。

出所後に手にした一冊の仏教書が、齋藤さんに衝撃を与えました。「出家しよう」と決意します。親戚の菩提寺であるお寺の住職に相談すると、幸いなことにすぐに出家が叶いました。

しかし教師資格を得るため本山研修へ行く直前、突如本山から「受け入れできない」と連絡が入ります。理由は、齋藤さんの背中の入墨が集団生活に適さないと判断されたためでした。

入墨を手術で消そうとは思わなかったのでしょうか。齋藤さんは、こう即答しました。

「過去に間違った人間でも、救われるというのが仏教でしょう。これが本当の俺の姿だもの。入墨を消して、なかったことにはしたくないから」

齋藤さんはその後、子供を亡くした親や、挫折を経験した人の心の救済を願い仙台市内で托鉢を続けました。その傍らで、優しい微笑を浮かべる地蔵菩薩像を彫り、希望の方にお譲りしてきました。

地蔵菩薩は、地獄、餓鬼、畜生、修羅、いかなる世界へも赴き、苦しむ者を救済するといわれている仏様です。さまざまな社会で、心に痛みを受けながら生きる人の姿をたくさん見てきたからこそ、齋藤さんは自分自身が地蔵菩薩のような生き方をしたい、と願ったのです。

恰幅のよい体型に丸顔で髭面。茶目っ気たっぷりの齋藤さんに、とてもそんな壮絶な過去があるとは見えません。

齋藤さんの強みは、どんな人、どんな相談ごとを前にしても動揺しないこと。包容力と優しさがにじみ出る、どこか安心できるあったかい「おっちゃん」です。

そんな齋藤さんに話を聞いてもらいたいと、托鉢をしている齋藤さんに会いに出向いた人をたくさん知っています。

齋藤さんは、仏教に関してはまだ学び始めたばかりの方ですが、仏教を伝える素地をきちんと持っている方です。

現在は東京のとある相談センターで、傾聴の修業を積んでいます。修業を終えて仙台に戻った齋藤さんの活躍に期待しています。

お寺づくりは、成功させなくては意味がない

「お寺を新しくつくった人」の話はあまり聞かないかもしれません。

「お寺をつくって、その後辞めてしまった人」の話はさらに聞かないでしょう。

ひっそりと辞めてしまった方というのは、決して表には出てきません。

しかし、ありえない話ではないのです。成功する場合もあれば、当然そうでない場合もあるのですから。


Gさんは北陸のお寺のご子息ですが、ご自身でお寺をつくりたいと、ご夫婦でみんなの寺にご相談にいらっしゃいました。

おふたりのご希望は、関西のとある町にお寺をつくることでした。


うちの夫は長く京都におりましたので、関西の土地柄についても詳しく知っていました。

Gさんが希望するその町は、もともとの人口に対してお寺の数が非常に多いところでした。既存のお寺も小規模なところが多い上に、今後の人口増加もあまり見込めず、明らかにお寺は飽和状態といえました。

ですから夫はその町ではなく、少し離れた新興住宅地がよいのではと熱心に勧めました。しかしGさんはその町に思い入れがあり、場所は譲れなかったようです。

ほどなく一軒家を購入し、ホームページを作り、奥様とふたりでお寺を始められました。

お寺を始めてしばらくは、まめにホームページを更新なさって頑張っていらっしゃいました。仏間のお荘厳の写真を載せ「ご法事や葬儀ができます」とPR。また対面や電話での相談にも力を入れ、お寺に足を運んでもらおうと工夫なさっていました。

お子さんが生まれてからは、奥様の育児日記からご家族の様子を垣間見ることができました。奥様は明るくはきはきした方で、私はとても好印象を持っていました。Gさんが怪我《けが》をなさって働けない時期も、奥様が働いて家計を支えたというお話を聞き「バイタリティのある坊守さんだな」と感銘を受けたのを憶えています。

ところが次第に日記の更新が滞りがちになり、ついに止まってしまいました。そのうちホームページも表示されなくなりました。

私も自分自身出産した後で忙しく、連絡を取らないまましばらく疎遠になってしまいました。

数年後、用事があってGさんに電話をする機会がありました。

そこで初めて、お寺はもう辞めてしまったこと、離婚なさったこと、お子さんは奥様が引き取ったことを聞きました。

Gさんは既に別の女性と再婚なさっていました。

どういった経緯でお寺をたたむことになったのか、ご夫婦の間で何があったのか聞く由もありませんでした。

ただ、Gさん以上にはりきっていた、あの元気な坊守さんは今どうしていらっしゃるのか。もう会えなくなってしまった今、それだけが気がかりです。

同じ立場の坊守として、戦友としてずっと一緒に頑張りたかったな。残念に思っています。

「お寺をつくりたいんです」。

みんなの寺にそんな相談を寄せる人は後を絶ちません。

お寺開山という夢をお持ちの方は、珍しくないのです。おそらく世間が驚くほど、大勢いらっしゃいます。

私は、志ある方には「ぜひ一緒にやりましょう」と申し上げたいです。

大変なことは、大変です。決して楽ではない茨の道です。第一章では、あえて厳しいことばかりを書きました。現実を知っていただきたかったからです。

檀家さんがつくかどうかは賭け。経済的に安定するかどうかも賭け。お寺は成長産業でもなく、安定した職業でもありません。

大きな宗派の看板があるわけでもない単立寺院は、裸一貫での勝負です。自分の身ひとつで信用を得なくてはなりません。

厳しい挑戦になります。


しかしこんなにもやりがいのある仕事はありません。

仏教を自分でも学び、人にも伝え、困っている方のお役に立ち
「本当に助かりました。安心しました」

「天野さんに会えてよかった。こんなお寺があってよかった」

とおっしゃっていただける喜びは、何物にも代えがたいものがあります。

生まれて来てよかった。お寺をつくってよかった。大げさですが、私が心からそう思えるのは、いつもこんな時です。


一生を懸けるに値する、価値のある仕事。

そう言えるのは、やはり多くの檀家さんと接する中で、この「みんなの寺」をつくった意義を

身にしみて感じることができたからです。

ですから「我こそは」と思う方には、ぜひお寺づくりに挑戦して欲しい。たくさんの人の笑顔と安らぎのために、その力を役立ててほしい。

そして縁ある方のために末永く仏教を伝えて欲しいと、強く願っています。

「やるからには成功していただきたい。そして、成功しなくては意味がない」

お寺づくりに関して、私はそう思っています。

おわりに

「お寺をつくりたいあなた」へ。


この本は、あなたひとりに読んでいただきたくて書きました。

仏教に深く帰依し、僧侶を志している、あるいはお寺を持ちたいと希望しているあなたのことを、私は心から応援しています。

おそらくあなたは今、やる気と熱意を人一倍持ちながらも、何をどう行動に移してよいのか、何を参考にするべきか、手がかりが乏しくてやきもきしていることと思います。


本書の駆け足的内容だけでは釈然としないことも、たくさんあることでしょう。

どうか遠慮なくみんなの寺にアクセスしてください。私たちでわかることであればなんでもお答えしますし、場合によっては適当な友人を紹介できるかもしれません。できる限りの協力を惜しまないつもりです。先達としてほんの少しでもあなたのお役に立てるのなら、こんなにも嬉しいことはありません。

お寺の世界は楽なことばかりではなく、将来を考えれば不安なこともありますが、飛び込む価値はあると保証します。

私たちにもできたのですから、あなたにもできないはずはありません。

お釈迦様のこの素晴らしい教えが、人々に伝わらないはずはありません。

ぜひ、一緒に頑張りましょう。まだ見ぬあなたと、良い友達になれることを願っています。

あなたの行く道に、三宝のご加護がありますように。


全国の、現役のお寺さんへ。


私はまだこの世界に入って日が浅く、お寺運営に関しても仏教の勉強に関してもおぼつかない若輩者です。認識違いは多々あるはずです。

またお寺の実情に関しては、宗派や地域による差がたいへん大きいことと思います。

ですから「この記述は現状と違う」「うちの宗派(地域)の場合はこうだ」「自分はこう思う」といったご指摘、ご意見、どんどん頂戴できますと幸いです。

先輩方から教えていただいたことを、私自身もこれからのお寺活動に役立てたいですし、お寺開山を目指すほかの方がたとも共有したいです。ぜひご教導ください。

仏法が広まりますように。

がりょうちゃん（夫）へ。

こうして九年間の歩みを振り返ったとき、まっさきに出てくる感想は「ああ、面白かった！」です。思えば、僧侶として十四年間のキャリアを持った大先輩のあなたでしたが、お寺づくりに関しては、ど素人の私の意見を片っ端から採用してくれました。

自分の考えや経験にこだわることなく、私の声に柔軟に耳を傾け、坊守として頼りにしてくれました。だから、楽しかったです。

憶えていますか。

お寺を始めて少し経った頃、お寺がその形を着実につくっていくのを目の当たりにしながら、私はあなたにこう言ったことがあります。

「もしもがりょうちゃんが死んじゃったら、私、ひとりではお寺はできないな……」

あなたはさも意外そうにこう答えました。

「そう？　俺はやるよ？」

「和公が死んでも、和公とふたりでお寺をやるよ。一緒にね」


今は、私も同じ思いです。

この先どれくらいの歳月、こうして一緒に歩めるのかはわからないけれど。

今生の縁が尽きるそのときにも、「面白かったね！」と笑って別れたいね。


お母さんへ。


ちょうどこの本の初稿を書き終えた夜、お父さんから緊迫した声で電話が入りました。入院中のお母さんの容態が急変したとのこと。

あわてて荷物をかき集め、子供たちを車に乗せると、私はすぐに実家のある青森の病院へと車を走らせました。深夜の高速道路を運転しながら、お母さんとの思い出が次々とよみがえってきて、涙が止まりませんでした。

一時は持ち直し、望み通り帰宅が叶ったものの、そのちょうど一週間後、七月三十日にお母さんは息を引き取りました。五十九歳でした。


お正月明けにひょっこりとうちに遊びに来たお母さん。

「もうお前たちのことは、何も心配していないよ」

どうして唐突にそんなことを言うのか、わかりませんでした。

そのときにはもう、残された時間があと僅かであることを、知っていたんだよね。


この本を読んでもらうことで、感謝の気持ちを伝えたかったのですが、わずかに間に合いませんでした。

けれども意識があるうちに手を握り、「お母さん、ありがとう」と言うことができました。お母さんはしっかりと頷いてくれましたね。

ですから、悔いはありません。


子供たち三人の成長を何よりも喜んでくれた、優しいお母さん。

その慈しみの手を振り払って「新しいお寺をつくるんだ」と飛び出した親不孝な私。どんなにか心痛めたことでしょう。心配をかけてごめんなさい。悲しませてごめんなさい。
しかし、私の将来の幸せと、お寺の成功を陰ながら見守り願ってくれたのもお母さんでした。離れていても、連絡が途絶えた時期も、ずっと私の一番の味方でした。

絶対にお寺を成功させて、幸せになった姿を見てもらうんだ。認めてもらうんだ。その一心が、根底で私を支えてくれていました。何があってもめげずに頑張れたのは、間違いなく、大好きなお母さんのおかげです。

「この子はまだまだ成長し続けている」。
それがお母さんからもらえた、生涯最高の、そして最後の賛辞でした。

お母さん。もう、私とみんなの寺の行く末を見てもらうことはできないけれど。
あなたの娘として恥ずかしくないように、胸を張れるように、立ち止まらずに歩き続けることを約束します。

一切衆生は幸福で安寧でありますように。

そしてお母さん、あなたからもらったこの体が、この命が、その一助となることができますように。

最後になりましたが、本書誕生のためにご尽力くださった「ＮＰＯ法人企画のたまご屋さん」の高野美穂さまに厚く御礼申し上げます。

また、長い文章を書くのが初めてで不慣れな私がこうして本書を完成させることができたのは、ずっと伴走してくださった雷鳥社の佐藤健児さまの励ましとご指導のおかげです。本当にありがとうございました。

※２０１４年10月、泉区長命ヶ丘に本堂を新築、移転しました。

天野和公（あまのわこう）

「みんなの寺」坊守。1978年、青森県十和田市生まれ。東北大学文学部(宗教学)卒。2002年10月、夫・天野雅亮と仙台市泉区に「みんなの寺」を開山。以来、４コマ漫画ブログでお寺暮らしの様子を発信中。 著書に『みんなの寺 絵日記「夫婦でお寺をはじめたよ」の巻』（サンガ）がある。趣味はミャンマー語の仏教書を読むこと。4歳女児、１歳双子男児の母。

「みんなの寺」URL　http://www.mintera.info/

みんなの寺のつくり方

～檀家ゼロからでもお寺ができた!～

発行日　2011 年 10 月 4 日　第 1 刷発行
　　　　2015 年　4 月 6 日　第 2 刷発行

著　者　天野 和公

発行人　柳谷 行宏

発　行　有限会社 雷鳥社

〒 167-0043 東京都杉並区上荻 2-4-12
TEL.03-5303-9766　FAX.03-5303-9567
http://www.raichosha.co.jp
info@raichosha.co.jp
郵便振替：00110-9-97086

装幀・デザイン　大野　登（アドプラナ）
印刷・製本　印刷製本　シナノ印刷株式会社

ISBN978-4-8441-3573-9